いつも素敵な人がやっている ためこまない習慣

『PHPスペシャル』編集部［編］

PHP

PHPスペシャル Special Best Selection

いつも素敵な人がやっている「ためこまない」習慣

ほんとうは行きたくないのに、
断りきれなくて、誘いに乗ってしまった――

やらなきゃいけないことが山積みで、
いつも疲れがとれない――

自分に欠けていることや、将来への不安ばかり募《つの》って、
なんだか鬱々《うつうつ》としてしまう――

そんなふうに、
小さな不満や不安を抱えたままにしていると、
積もり積もって大きなストレスとなり、
あなたから輝きを奪ってしまいます。

自分にとって、ほんとうに必要なものを選んで、
いらないものは上手に遠ざける。
冷静に感情を整理して、
いやな気分を引きずらない。

そんな「ためこまない」習慣を持っている人こそ、
周りの人も自分も、幸せにすることができるのかも知れません。

CONTENTS

PHPスペシャル
Special Best Selection
いつも素敵な人がやっている
「ためこまない」習慣

毒素を取りこまない、ためこまない

本書は、『ＰＨＰスペシャル』2011年８月号、2012年２月号、11月号、2013年９月号の記事を抜粋し、再編集したものです。

あなたが本来持っている「ほんとうに大事なもの」とは？

忙しい日々の中で、あなたが忘れてしまっているかもしれない「ほんとうに大事なもの」。
次のチャートでもう一度思い出してみませんか？

a ← 　b ←

スタート

小さい頃、転んだりしてすり傷や切り傷を作ったことは？
●あまりなかった…a
●しょっちゅうだった…b

小学校にあがる前までに、兄弟姉妹や近所の子とのケンカは？
●ほとんどしなかった…a
●よくした…b

もうすぐ小学生というときに抱いた感情、より強かったのは？
●不安…a
●喜び…b

小さい頃、男の子のような言葉づかいをしていたことは？
●あった（ような気がする）…a
●なかった（と思う）…b

小学生のときの学校行事、どちらのほうがより好きだった？
●学芸会や合唱コンクール…a
●運動会や遠足…b

夏休みや春休みに入るときの思いは？
●みんなと会えなくなるのが少し悲しかった…a
●たっぷり遊べるという思いで胸がわくわく…診断Fへ

テスト作成
ハート＆マインド

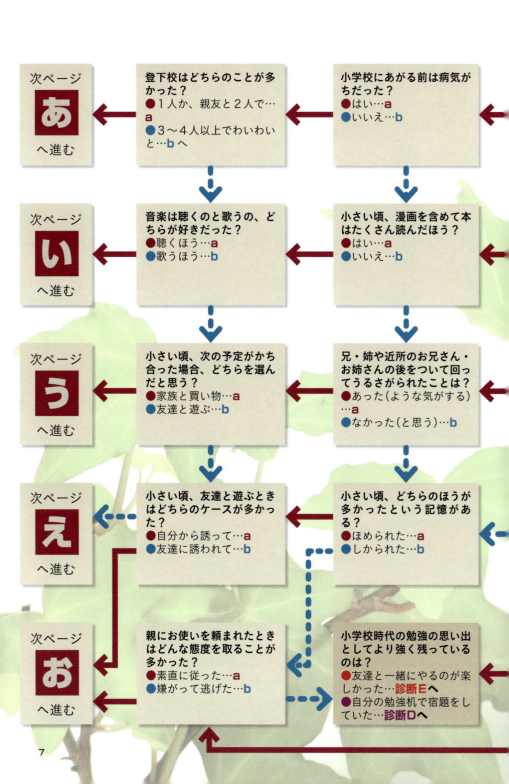

小学校にあがる前は病気がちだった？
●はい…a
●いいえ…b

登下校はどちらのことが多かった？
●1人か、親友と2人で…a
●3～4人以上でわいわいと…b へ

次ページ **あ** へ進む

小さい頃、漫画を含めて本はたくさん読んだほう？
●はい…a
●いいえ…b

音楽は聴くのと歌うの、どちらが好きだった？
●聴くほう…a
●歌うほう…b

次ページ **い** へ進む

兄・姉や近所のお兄さん・お姉さんの後をついて回ってうるさがられたことは？
●あった（ような気がする）…a
●なかった（と思う）…b

小さい頃、次の予定がかち合った場合、どちらを選んだと思う？
●家族と買い物…a
●友達と遊ぶ…b

次ページ **う** へ進む

小さい頃、どちらのほうが多かったという記憶がある？
●ほめられた…a
●しかられた…b

小さい頃、友達と遊ぶときはどちらのケースが多かった？
●自分から誘って…a
●友達に誘われて…b

次ページ **え** へ進む

小学校時代の勉強の思い出としてより強く残っているのは？
●友達と一緒にやるのが楽しかった…**診断E へ**
●自分の勉強机で宿題をしていた…**診断D へ**

親にお使いを頼まれたときはどんな態度を取ることが多かった？
●素直に従った…a
●嫌がって逃げた…b

次ページ **お** へ進む

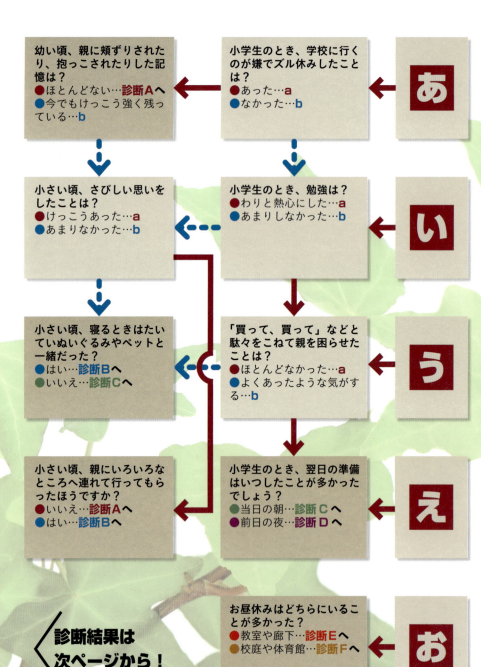

あ

小学生のとき、学校に行くのが嫌でズル休みしたことは？
● あった…a
● なかった…b

幼い頃、親に頬ずりされたり、抱っこされたりした記憶は？
● ほとんどない…診断Aへ
● 今でもけっこう強く残っている…b

い

小学生のとき、勉強は？
● わりと熱心にした…a
● あまりしなかった…b

小さい頃、さびしい思いをしたことは？
● けっこうあった…a
● あまりなかった…b

う

「買って、買って」などと駄々をこねて親を困らせたことは？
● ほとんどなかった…a
● よくあったような気がする…b

小さい頃、寝るときはたいていぬいぐるみやペットと一緒だった？
● はい…診断Bへ
● いいえ…診断Cへ

え

小学生のとき、翌日の準備はいつしたことが多かったでしょう？
● 当日の朝…診断Cへ
● 前日の夜…診断Dへ

小さい頃、親にいろいろなところへ連れて行ってもらったほうですか？
● いいえ…診断Aへ
● はい…診断Bへ

お

お昼休みはどちらにいることが多かった？
● 教室や廊下…診断Eへ
● 校庭や体育館…診断Fへ

診断結果は次ページから！

診断　あなたに思い出してほしい大事なものは…

A 夢

感受性が豊かでおとなしい少女だったあなたは、想像の翼がはばたくままにさまざまな夢を思い描きながら成長してきたことでしょう。そんなあなたがほんとうに大事なものを見失っているとしたら、それはズバリ夢見る心に違いありません。受験や就職といった現実的な問題に向き合う過程で徐々に夢を見なくなり、現在では日々の業務や煩雑な人間関係に振り回される生活を送っているのでは?

今後、本来の自分を取り戻し、ぶれることなく生きていくには、**眠っている想像力を活性化する努力や工夫**が出発点になるでしょう。日記をつける、自分史を書いてみる、創作に手を染めるといったことがおすすめです。

B 家族

甘えん坊でかわいい性格のあなたは、両親はもちろん、祖父母や兄・姉にも深く愛されて育ってきたことでしょう。しかし、自我が目覚めるにつれ家族の庇護《ひご》を干渉と感じるようになり、思春期以降は異性への関心が膨《ふく》らんで、家族の愛がますますうっとうしくなる傾向が……。

そんなあなたがほんとうに大事なものに気づくためには、報われない恋が役立ってくれるでしょう。というのも、いっこうに応えてくれない相手の姿に、反抗期以降、あなたが家族に見せていた姿が重なって見えるから。それを機に、**ずっと気遣ってくれていた家族の思いに応えようという気持ち**が芽生え、徐々に本来の自分を取り戻すことに。

C プライド

穏やかでおっとりした性格のあなたは、こせこせすることなく、のびのびと育ってきたことでしょう。そこには、周囲に見守られ、認められてきた自信も同時に育ってきたはず。そんなあなたが見失いがちなのは、自分に対する誇りでしょう。というのも、のんびりしたあなたは周囲に置いてきぼりを食いやすく、挫折体験を積み重ねるうち「私ってドジな女」などと思い込んでしまいやすいから。

そこで、今後あなたに心がけてほしいのは、**自分を無闇に否定せず、「いいところもあるんだ」と肯定的にとらえること。**何か失敗したときも「失敗は成功の母」と前向きにとらえることで、自分への誇りを取り戻せるようになるはず。

D 向学心

素直で真面目なあなたは、親や先生の言うことをよく聞くし、勉強もきちんとやっていい学校に入るなど、おおむね優等生の道を歩んできたことでしょう。そんなあなたが大事なものを見失っているとしたら、それは学ぼうとする気持ちや姿勢ではないでしょうか？

おそらくあなたは、社会に入って頭がいいだけでは通用しない場面に出くわし当惑したことでしょう。そんな無力感があなたを学ぶことから次第に遠ざけてしまったようです。というわけで、今後、あなたに心がけてほしいのは、**勉強したって意味がないなどと決めつけず、昔のように謙虚な心でさまざまな知識を吸収し、実際に生かす努力をすること**です。

E ほんとうの友情

親しみやすくてお人よしのあなたは、勉強がわからない子に進んで教えてあげるなど、友達思いのやさしい少女だったでしょう。大人になっても、本質は変わらないものの、行動半径が広がるにつれ、交友の輪も広がる一方。誘われればなんにでも顔を出すし、義理のつき合いも多くなるなど、交友の内実は希薄《きはく》なものになりがちなのでは？

そんなあなたが見失ってしまいやすいのは、ほんとうに困ったときに助け合ったりするような実のある友情です。それを取り戻すには、**純粋だった交友関係を復活させる**のが最も効果的でしょう。幼馴染《おさななじ》みや旧友を訪ねたり、同窓会に出席したり、クラス会を開いたりするのがその糸口に。

F 自然を愛する心

行動力あふれるあなたは小さい頃から元気いっぱい、校庭や野原を飛び回り、休みになると海や山へよく出かけたことでしょう。その行動力は大人になると仕事や社会的な活動に発揮され、とんぼ返りで出張するなど、多忙な日々を送っているはず。その生活は確かに充実感を与えてくれるものの、時に時間や約束に振り回されていると感じることも少なくないのでは？

そんなあなたが本来の自分に立ち返るのは、かつて生き生きと飛び回っていたアウトドアや大自然の中ででしょう。**別荘やコンドミニアムを借りるなどして癒しの時間をたっぷり持ってほしい**もの。自然に囲まれた土地で育ったあなたならぜひ里帰りを。

イラストレーション：東山容子

「いい人」でいることをやめてもいい

「自分本位」で生きたほうが、自分を好きになれる。
人にももっとやさしくなれる——。
思い切って「いい人」でいる自分を捨ててみませんか？

エッセイスト 潮凪洋介

これまで約20年、多くの方から生き方や恋愛に関する相談を受けてきました。そしてつくづく感じているのは、世の中には「いい人」が非常に多いということです。

でも、周りに「いい人」と評価される方の多くは、実はそう呼ばれることに満足しておらず、不安に思ったり悩んだりしている。とくに女性にその傾向が強いように思います。

そうした方に僕がアドバイスしているのは、『いい人』をやめて、自分本位の生き方をしてみましょう」ということ。

「なんだか損な役ばかり押し付けられているみたい」「いつもニコニコしているけど、実は自分に自信がないから」……。もしあなたがそうしたことで悩んでいるのだとしたら、思い切って「いい人」から卒業してみませんか？

人に迷惑をかけない、人と争わない、相手にやさしくする……これらはたしかに大切です。でも、そんなルールに縛られすぎてしまうと、息苦しくなるだけでなく、他人の視線や常識に振り回されて自分自身を見失い、自分の生き方に自信が持てなくなってしまいます。その結果、

しおなぎようすけ＊1970年生まれ。「愛と夢のある自由な生き方」を広めるために、雑誌、新聞、ラジオなどで活躍中。著書に『「かわいい」と思われる女50の習慣』（ＰＨＰ研究所）など多数。

仕事の上では評価されず、プライベートでもさびしい思いをして、輝きのない、つまらない日々を送ることになりかねません。

でも不思議なことに、「いい人」をやめると、仕事も恋愛も、人生すべてがうまく回り出す人が多いのです。僕はこれまでに、そういう人を何百人、何千人と見てきました。だから、皆さんにも脱「いい人」をオススメしたい。そして、本当の自分を取り戻してほしいのです。

そのための方法が、「自分再生プロジェクト」。二つのポイントを早速説明しましょう。

Point 1

オフタイムをひまにしない

仕事や家事、子育て以外の時間、いわゆるオフタイムを、たとえわずかな時間であっても自分にとって心地いい、完全に楽しい時間にしてください。

他人の目や都合は関係なく、自分が行きたい所に行き、食べたいものを食べ、会いたいと思う人に会う時間にするのです。

金銭的にそこまでする余裕がないというなら、たとえば「今いちばん食べたいアイスクリームを食べる」でもいいんです。高級エステが無理ならリーズナブルなマッサージでもいい。

取材・文：鈴木裕子　イラストレーション：石村紗貴子

映画館に行かなくても、今はほとんどの映画をレンタルＤＶＤで観られます。

とにかく自分にとって心地いいことで、オフの時間を埋めてしまうのです。

そんなわがままごっこをしていると、まず自分が本当に好きなことは何なのかが再確認できます。すると次第に元気が湧《わ》いてくる。やがて自尊心が生まれ、「私は私でいいんだ」と思えるようになります。

Point 2 大好きな仲間で集まり、その中で揉まれる

「いい人」は、周囲の視線を気にするあまりに素《す》の自分を出せなかったり、自分の言いたいことが言えないという特徴があります。相手を思いやる気持ちは大切ですが、そうやって本当の自分ではない自分を演じ続けていると、心も体もまいってしまいます。

僕自身も20代の頃、そうした毎日を送っていて、とても苦しい思いをしたものでした。その暗いトンネルを抜け出すために僕のとった方法が、「好きな友達と集まり、その中でコミュニケーション能力を鍛《きた》える」ということ。

好きな友達の前なら自分の素を出すことができるし、言いたいことも言える。そうした中で、友達から「ちょっとそれは言い過ぎじゃない？」とか「あなたのこういうところ、よくないと思うよ」とダメ出しをされる。逆に、自分も友達に対してダメ出しをします。お互い、そもそも仲間だからダメ出しは相手を思ってのことですし、ケンカになったとしてもたいていの場合は仲直りできます。

こうした経験を重ね、自分の意見をきちんと言いつつ、他人のことも傷つけないというコミュニケーション術が身についてくると、むやみに人に振り回されることもなくなります。

「引っ込み思案でそもそも友達づくりが苦手」という人は、まず趣味なり何なり時間を忘れて打ち込めるものを見つけましょう。そこできっと、話の合う気持ちの通じ合う友達ができるはずです。

＊

すぐ始められる二つのポイント、やるかやらないかはあなた次第。でも僕は、自分が幸せになり、かつ人を幸せにするための「これは一つの修行である」と考えて、とにかく始めてみることをオススメします。急ぐ必要はないので、できるところから一つずつ。その一歩一歩の積み重ねがとても大切です。

すると会社、あるいは家庭の中でも正当な評価が得られるようになるでしょうし、また恋愛にしても、彼の言いなりになってばかりの「都合の〝いい女〟」ではなくなります。

自分らしい充実した人生を送りたい。そう思っていたらぜひ、この「自分再生プロジェクト」を試してみてください。

「がんばりすぎない」でうまくいくコツ

やること（タスク）に追われ、時間に追われ……気づけば疲れとストレスを抱えてしまう。そんな状況にならないよう、仕事・家事・育児をこなす著者が実践しているアイデアをご紹介します。

馬場じむこ

ばば じむこ＊一般事務や専業主婦を経て、現在は経理関係の仕事を務める会社員。夫とともに、二児の子育てもこなし、多忙ながらも充実した生活を送る。著書に『仕事も子育ても自分もうまくいく！「働くママ」の時間術』（日本実業出版社）がある。
ブログ http://jimuko.blog.jp/

「やらなきゃいけない」から解放される

「これは必ずやらなくてはいけない」「自分で全部やらなくちゃ」「早く取りかからないと」……そう思い込んで、苦しくなっていませんか？

本当に必要か考えてみる

「しなきゃいけない」という言葉が出たときは、ふと止まって「本当にしなきゃいけないのかな」と、見直してみましょう。実はしなくていいことや、今すぐせずに先延ばしにしてもいいこと、部分的に省けることが意外と多いものです。

見直す際のポイント

★慣習（＝惰性）的に続けていないか？
★重複していないか？
★一度にまとめてできないか？
★何のためにやっているのか？
★それがないと困る人がいるか？

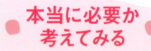

お互いの「得意」をトレードする

どうしても頼むことに気が引けたり、苦手に感じたりする人は、自分の「得意」を提供した分、自分の「不得意」は、喜んでやってくれる人にお願いしたらいい、という考え方をしてみてはどうでしょう。

たとえば、ネットを駆使してチケットなどを手配することが得意という人もいれば、窓口で直接交渉することが上手な人もいます。

不得意なことがあるなら、それを得意とする人にお願いして、誰かが苦手としていることで自分にできることがあれば、積極的に手伝ったり引き受けたりしましょう。

人の力を借りる

自立とは、「誰にも頼らず、何でも自分でできる（やる）こと」ではないと私は思います。自分でがんばらなくちゃ！　と思っていると苦しいですし、一人で抱え込んでしまうことになります。

まず、人にものを尋ねるのを躊躇《ちゅうちょ》しないこと。「自分で何とかしよう」「調べてから聞こう」という姿勢が、かえって効率を悪くすることもあります。

あまりに忙しいときに質問したり、何度も同じことを聞いたりするのでなければ、たいていの人は快く教えてくれるものです。

また、可能な範囲で、職場の人や家族を頼っていいと思います。もちろん、一方的に頼ってばかりいたり、「頼る」が「押し付け」になってはいけません。ただ、「自分の負担を減らす」ことが、結局は職場の人や家族にとってメリットになる場合もあります。そんなときは、申し訳ないと思う必要はないのです。

取材・文：編集部　イラストレーション：青山京子

「調子がいいときの自分」に任せる

誰にでも「波」はあるものです。調子が悪いときは、「今すぐしなくてもいいこと」は先延ばしにして、調子が戻ってきたら取りかかります。

反対に、調子がいいときには、急ぎではなくても苦手なことを済ませておくと後で楽になります。たとえば私は家事では裁縫が苦手なのですが、調子がいいときに「よし！　今日はためていたボタンつけを一気にやろう！」と奮起して片付けてしまいます。

すぐにやらない。様子を見る

何でも「すぐやる」ことがいいとはかぎりません。上司の指示や家族の要求（「思いつき」であることも少なくありません）に振り回されて時間も気力もとられてしまった……という経験に覚えがある人もいるのでは？

時には「様子見」が有効です。様子を見ているあいだに自然と問題が解消されていたり、最終的な指示が出たりするということもあります。

完成させる前に一旦提出

８割くらいできた段階で、一度見てもらいましょう。一人で100パーセント完成させてから提出するよりも、修正がある場合のリカバリーが簡単です。

無理をしない・焦らないための工夫

無理と焦りはとにかく禁物！　物理的にも精神的にも、自分を追いつめてしまいます。効率をよくし、気分よく進めるためのヒントです。

スケジュールは細かく決めすぎない

いつやるかを厳密に決めなくてもいいタスクは、時間を細かく設定しません。「今日中にやればＯＫ」「今週末までに終わらせる」と決めておけば、時間に縛られるストレスが減ります。

また、月に１回は「メンテナンスデー」を設けます。「すぐにやる必要はないけど、やっておきたい」「急ぎではないので先延ばしにしていた」ことを、この日にまとめてやるのです。

「場所別」にやることを書いて効率アップ

専用のノートやメモ帳、手帳などに、やるべきことのリストを作ります。

このとき、場所ごとに分けて項目を立てます。たとえば「近所」の欄に「トイレットペーパー購入」「クリーニング引き取り」「レンタルＤＶＤ返却」と書いてあれば、一度の外出時にまとめて済ませることができます。

やることを「小分け」にしてハードルを下げる

予定はできるだけ細かく分けて書くのもポイントです。たとえば「○○検定に申し込む」であれば、「申込書の入手」「申込書の記入」「申込書の投函」「参考書の購入」というようにします。

行動を小分けにすることで、作業に取りかかるハードルを下げる、行動のモレや無駄を防ぐ、スキマ時間を使えるなどのメリットがあるからです。また、細かく書き出すことで、「これは本当に必要かな？」と吟味できるようになります。

気が進まないつき合いは断ってもいい

断ることをためらったりして、無理のある人づきあいを続けていては、それ自体に時間がとられるのはもちろん、たまったストレスを解消することにも時間や労力がかかってしまいます。

気が進まないものは断っても構わないと私は思います。仕事や家のことを理由にすれば、さほど角が立つことはありませんし、「こういうのには誘っても来ない人なんだな」と理解してもらえるでしょう。

行きたいけれど本当に行けない場合は「また誘ってね」の一言や、後日自分から声をかける、などのフォローを忘れずに。

ミスにも「ランク付け」を

ミスが起きると、解決やフォロー、やり直しのために時間を余計にとられますし、精神的にもダメージを受けてしまうもの。日頃からミスを減らす・再発させない仕組みを考えることが必要です。

ただ、ひたすら「ミスをしてはいけない！」と緊張するのも考えもの。そこで、「その場で訂正すれば済むミス」から「金銭的な損害や信用にかかわるミス」まで、３～４段階くらいにランク付けをします。ランクの高いものほど重ねて確認をするなど、特に注意を払うようにすれば、ミスの予防につながります。

焦らないためのコツ

メディアで「これが幸せ」とされていることに踊らされない

私は一定期間、テレビやネットを見ない「情報断食」をするだけでも、かなりの不安が解消されました。

思うようにいかないときは「今はそういう時期」と考える

育児や業務に時間をとられて、自分がしたい勉強や趣味ができないとき、私はとても焦ってしまっていたのですが、「今はそういうとき」と思うことでずいぶん楽になりました。あとで挽回したり、もう少ししたら時間も今よりできるだろう、と。

あまり先のことを考えて心配しすぎない

「そのときになったら考えよう」くらいの気持ちで。先のことばかり考えて焦ってしまうのは、「今」が手薄になっている証拠。そんなときは目の前のことに集中します。ぼんやりすることを恐れないのも大切です。

立場やライフスタイルが違う人と関わってみる

いろいろな価値観があることがわかります。自分とは価値観が異なる人と話をすると発見があり、自分の「こだわり」が解消されることも。

人間関係がもっとよくなる!!

上手な頼み方・断り方

「頼みごと上手」「断り上手」になれば、心にゆとりが生まれます。基本をマスターして、人間関係を深め、人生を充実させましょう!

臼井由妃

仕事や家事に追われ大変なときにサポートして欲しくても、「迷惑をかけるのではないかしら?」「自分のことは自分で片付けないといけないよね」と、あきらめて抱え込んでしまう。

本当は断りたいのに、「断ったら嫌われるかもしれない」と自分の気持ちを抑え、我慢する。

あなたにも、そんな経験がありませんか?

頼むことは「相手に悪い」と考え、断るときには「相手の期待を裏切りたくない」と、デメリットに目が向いてしまいがちですが、「頼む&断る」には大きなメリットがあります。

メリット1 **自由な時間が増え、仕事や家事の質が向上する**

メリット2 **断るべきか頼むべきかの判断力が増す**

何よりも、思いを正しく伝えることで本物の人間関係が構築できるというのは、あなたの人生を輝かせる最大のメリットです。

相手の主張に対していつも黙っていたり、反対に、自己主張ばかりして相手が沈黙していたりといった一方通行のコミュニケーションでは、人間関係は深まりません。

うすいゆき＊(株)健康プラザコーワ代表取締役。健康器具で次々にヒット商品を開発、独自のビジネス手法により通販業界で成功を収める。その実践的な仕事術や勉強法には定評がある。著書に『できる人はなぜ、本屋で待ち合わせをするのか?』(翔泳社)他。

人間関係は、言葉を交わすことで成り立ちます。たったひと言で素晴らしい人間関係が築けるときもあれば、壊れるときもあります。

だからこそ、ひと言に気を配り、言い回し一つにも細心の注意を払いたいもの。

たとえば、頼むときには、一方的にこちらの用件を伝えるのではなく、相手が気持ち良く協力ができるような話し方をすることが大切です。

また、誘いを断るときは、「誘ってくれてありがとう」という姿勢を忘れないで、誘ったり断ったりが何のわだかまりもなくできる「信頼を生む断り方」を心がけましょう。

そして、頼んでばかり、断ってばかりではなく、相手が何かお願いしてきたら、できる範囲で協力をするようにしましょう。

私がコミュニケーションをはかるときには、

①相手を自分だと思って接する

②自分が言われて嫌なことは言わない

を基本にしています。

頼むことや断ることは、とくにトラブルが生じやすいですから、よりこの基本を心に留めながら伝えています。相手に対する気配りを忘れず言葉を正しく使えば、「頼む&断る」もうまくいきます。

イラストレーション：石村紗貴子

頼み方

お願い事を引き受けてはくれたものの、何となく後味が悪かったり、その後、相手の態度が素っ気ない……こんな経験はないでしょうか？

そうなる主な原因は、①頼む理由を明確に伝えていない、②頼むタイミングがずれている、ところにあります。

どうしても頼まなくてはならない理由や状況を明らかにしなければ、相手もピンときません。「それならば仕方ない」「理解できる」と、納得できる理由を示しましょう。

ただし、「忙しいから」や「時間がないから」は理由にはなりません。「私だって忙しいのよ」「暇だと思っているのかしら？」と反感を買うだけです。あなただから頼みたい、あなたを見込んで頼みたいという理由を伝えること。

ポイントは、①乗せる、②褒《ほ》める、③感謝する、の三つです。

また、頼み事をする場合には、①お願いするとき、②最中、③終わったとき、と何度も「ありがとう」「ありがとうございます」と、感謝の言葉を伝えましょう。

相手の負担にならない程度のプレゼントをするのもフォローの一つです。その際、プレゼントは直接手渡すのがベストですが、遠距離に住む相手ならば手紙を添えて送るのもいいでしょう。

この場合の手紙は「一筆箋《いっぴつせん》」に収まる程度の分量が好ましく、堅苦しいお礼の文章よりも「ありがとうございました」「○○さんのおかげで助かりました」など、素直に感謝の気持ちを伝えるほうが親近感を覚えるものです。

気持ち良く引き受けてくれた相手です。「また手伝ってあげよう」と、ひと肌脱いでもらえるように、最後まで気を抜かないで「ありがとう」を出し惜しみしないでくださいね。

頼み方の例

✱お姑さんに家事を頼む場合

「お義母《かあ》様、申し訳ありませんが●●をお願いしたいんです。午後からどうしても外せない仕事があるので（どうしよう……）、お義母様だけが頼りなんです」

コツ　身内にはやや甘えた口調で話してもいいでしょう。困った表情を浮かべながら、押し付けていると思われないように頼みます。

✱友だちに用事を頼む場合

「申し訳ないけれど、●●を代わってもらえないかしら？　その日実家の母が訪ねてくるの。○○さんは、何でも丁寧で安心して頼めるの。ごめんね、私も何かあったら手伝うから」

コツ　頼んだ相手の能力を認め褒める。頼んだあとに、自分も協力を惜しまないという言葉を添えます。

✱電話で頼み事をする場合

「今お話できますか？（あるいは、「3分ほどお時間をいただけますか？」）お忙しいのは承知しているのですが、●●をお願いできないでしょうか？　出張が入ってしまって。勝手言って申し訳ありませんが○○さんなら仕事が正確で早いからお任せできると思って……」

コツ　相手が忙しくしている時間を避けて電話をします。聴く耳を持っていただけ、了解も得やすいからです。本題に入る前に「お話できますか？」と相手を気づかうことも忘れないように。そして手短に話をしましょう。
「申し訳ないのですが……」などのクッション言葉から切り出し、頼む理由をハッキリ伝え、最後に相手を持ちあげましょう。

断り方

人づきあいの中で誰もが苦手だと感じるのが、「断ること」ではないでしょうか？　断ることで人間関係に傷がつくのではないかと不安に襲われるのでしょう。

でも、どんな誘いを断るときも「声をかけてくれてありがとう」「誘ってくれてうれしい」という姿勢でいれば、相手も「誘って良かった」と思うのは間違いありません。断る理由にも納得できるはずです。

断る際に気をつけたいポイント

1 断らないつもりで聞く

「忙しいので無理」「苦手な人からの誘いだから話もしたくない」などと、最初から断ることを前提に話を聞くと態度に現れます。それが相手にも伝わり、険悪な関係になってしまう可能性もあります。

2 その場で判断する

断りにくいからといって気を持たせる言い方は慎みましょう。その場ですぐに返事をするか、自分で期限を設けて、それまでに返事をするようにしましょう。

どっちつかずの態度は、かえって失礼。相手の貴重な時間を奪っているという意識を持つべ

手紙やメールで断る場合

文章は形に残ります。それだけに会話以上の配慮が必要です。
「感情的な文章になっていないか」「否定的な言葉を使っていないか」をチェックしながら何度も読み返しましょう。
誤字脱字の類《たぐい》があると、真剣に考えていないように思えてしまいますので、この点もしっかり確認しましょう。くどい言い回しもタブーです。

きです。

3 断る理由をきちんと伝える

お詫《わ》びと共にできない理由をきちんと伝え、納得してもらうことが重要です。

相手の要求に対して、「無理だ」「無茶だ」と即座に否定的な言葉を返さずに、「せっかくこのようなお話をいただいたのですが……」「お請《う》けしたいのは山々ですが……」というような、申し訳なさが伝わる「丁寧な言葉」で伝えましょう。

4 別の案を提案する

断る場合には、「○○ならばできます」「別の日ならば大丈夫です」「○時までならばお手伝いできます」というような申し出を、無理のない範囲でしましょう。

誠意を見せれば、相手から反感を買うことはありません。

このように、断る場合には、自分のことだけでなく、相手にも気を配ること。

誘ってくれたことへの感謝を伝えることは、会話であろうと手紙やメールであろうと、欠かしてはいけません。

断り方の例

＊ 断ったことで相手が落ち込んでしまったら

相手
「えっ？　そんな、楽しみにしていたのに……残念」

自分
「誘ってくれてすごくうれしい。私もご一緒したいのだけど……。そうだ！　来週ならどうかしら？　あなたはいつがいいかしら？」

クヨクヨ、イライラにさようなら！

ネガティブな感情を手放す方法

笹氣健治

過ぎたことをクヨクヨ考えても意味がない。未来のことをアレコレ悩んでも、なるようにしかならない。だから、今できることにベストを尽くす——。何かイヤな出来事があっても、このように達観した考え方ができれば、常に明るく前向きでいることができます。

しかし現実には、なかなかうまく切り替えられないものです。考えても仕方がないものをつい考え続けてしまい、その結果、憂《ゆう》うつになったり、イライラしたり……。多かれ少なかれ、きっと誰もが経験していることでしょう。

こんなとき、「もうこれ以上は考えないようにしよう」と思っても、かえって意識してしまいます。こういう場合は、「考えない」のではなく、「考え方を変える」ことが役に立ちます。考え方を変えることによって、ネガティブな感情を元から断つことができるようになります。

考え方を変える際のポイントは三つあります。①自分の思考を観察する、②その思考の誤りに気づく、③現実的な考え方に矯正《きょうせい》する、です。

後悔をやめる
～「その失敗は仕方がない」

ネガティブな感情の代表格である「後悔」を例に説明しましょう。後悔は、自分が犯した過ちを悔やむときに生じる感情ですが、そのときの自分の思考を観察してみると、「私がしっかりやっていれば問題は起きなかったはずだ」と考えている自分に気づくことができます。

私がしっかりやっていれば問題は起きなかった。本当にそうでしょうか？

たとえば、電車に忘れ物をしたことを後悔しているとしましょう。降りるときにしっかり身の回りを確認しておけばよかった。こう考えるのは明らかに間違いです。今は結果がわかっているからそんなことが言えるのです。当時はまさか忘れ物をするとは思いもよらなかったはずで、ちゃんと身の回りを確認しようと考えることもなかったはずです。もしかすると、他の何かに気をとられていて身の回りを確認する余裕がなかったのかもしれません。

いずれにしろ、ちゃんと確認しなかったのは、

イラストレーション：東山容子

当時の自分としてはごく自然な態度であり、それなのに、今の自分が「私がしっかりやっていれば」と考えるのは間違っています。

こうやって思考の誤りに気づいたら、その誤った部分を現実的な考え方に矯正します。

「あのときは、こんな結果になるなんて想定していなかった。だから、その失敗は仕方がないことだったんだ」といったように、頭の中の言葉を言い換えてみるのです。

あるいは、「あのときは、当時の私なりにこれでいいだろうと思って行動していたのだ。残念な結果に終わったが、過ぎたことは仕方がない。同じミスをしないように、次から気をつければいいだけだ」と考えることもできます。すると、ネガティブな感情は軽減されて、気持ちも楽になっていくと思います。

不安を解消する～「うまくいくときもあれば、いかないときもある」

もうひとつの例として、「不安」についても考えてみましょう。「消費税が増税になったら、売り上げが下がりそうだ」「老後の生活は大丈夫だろうか？」といったように、不安は、未来のことを心配するときに生じるネガティブな感情です。

この思考のどこが間違っているでしょうか？確実に間違いだと言えるのは、未来はどうなるかわからないのに、悲観的にばかり考えている点です。自分でも気づかないうちに、未来は悪くなるとどこか決めつけている部分があって、そのために不安が生じているのです。もしこのとき「なんとかなるさ」と楽観的に考えられれ

ささきけんじ＊ＮＴＴ勤務後、スポーツクラブの経営に携わりながら、心理療法・心理学の研究と実践に取り組む。サラリーマンと企業経営を経験した心理カウンセラーとして、「がんばっている人が抱える悩みの解消」をテーマに、執筆、講演、カウンセリングなどを行なっている。『仕事の悩みを引きずらない技術』（ＰＨＰビジネス新書）など著書多数。

ば不安は生じません。

ここで勘違いしないでほしいのですが、悲観的に考えるのがダメだと言っているわけではありません。むしろ悲観的に考えることで注意深くなり、大きな失敗をしないで済むというよい側面があります。

ただ、悲観的に考えることで、実際にそうなったときに大きなショックを受けないように心の準備をしているのかもしれませんが、それで気分が滅入《めい》ってしまっては意味がありません。

未来について考える際に大切なのは、「うまくいくときもあれば、うまくいかないときもある」という現実を忘れないことです。「なんだ、そんなの当たり前のことだ」と思われるかもしれませんが、不思議と落ち着きを取り戻せるものです。

さらに、「何があっても、すべて意味がある」と考える態度も重要です。つらい出来事があっても、それを乗り越えることで人間は成長するものです。宝くじが当たって、逆に不幸になる人もいます。

今の自分が「未来はこうあってほしい」と固執《こしつ》するのは、長い目で見れば浅はかなことです。すべては自分にとって必要だから起こる。この現実を受け入れて、たとえ期待通りにならなくても、そのとき自分に何ができるかを考えて実行していくことで、必ず未来は拓《ひら》けていきます。

＊

自分の思考の誤りに気づいて現実的な考え方に矯正する。ぜひこの方法を日常に取り入れていただき、ネガティブな感情を少しでも早く終わらせるために生かしてほしいと思います。

あなたが「ためこみやすい」原因は？

モノでも悩みでも、ためこんでしまうと身動きがとりにくくなってしまいます。
あなたがためこむ原因と上手な捨て方を探ってみましょう。
〈スタート〉から始め、すごろくと同じ要領で、次の質問へと進んでいってください。

テスト作成：ハート＆マインド
イラストレーション：佳矢乃

スタート ①

右の枠内に丸を１つ手書きで描いてください。さて、始点と終点の関係は？
●くっついているか、交差している…**7コマ進む**
●離れている…**3コマ進む**

②

２泊３日で旅行に出るとします。バッグは？
●キャリーバッグ…**9コマ進む**
●大きめのトートバッグ…**3コマ進む**

③

新幹線に始発駅から乗るとします。最低何分前にホームに行っている？
●10分前…**10コマ進む**
●５分前…**3コマ進む**

④

部活や職場などでしごかれたことは？
●ある、もしくはあったような気がする…**6コマ進む**
●まったくない…**2コマ戻る**

⑤

寿司は、回転寿司しか行かないとしたら、その一番の理由は？
●もちろん安いから…**9コマ進む**
●とにかく気取らずに食べられるから…**7コマ進む**

⑥

のどが渇いたので水を飲むとします。どっちのグラスで？

●aのほう…**9コマ進む**

●bのほう…**1コマ進む**

a

b

⑦

誤って携帯電話を落としてしまいました。どうなるでしょう？

●壊れるか、故障する…**診断Bへ**

●案外、大丈夫…**診断Cへ**

⑧

ホームウエア以外の服はどっち系を着ることが多い？

●ぴったり系…**5コマ戻る**

●ゆったり系…**2コマ進む**

⑨

人前で何かしたり、責任者になったりするのは？

●好き、もしくは、格別嫌いというわけではない…**診断Aへ**

●嫌い…**6コマ進む**

⑩

インスタント食品や調理済み食品は？

●あまり食べない…**4コマ戻る**

●けっこう利用する…**1コマ進む**

⑪

この絵に、どちらかを描き加えるとしたら？

●女性の頭上にパラソル…**4コマ戻る**

●女性に向かい合う男性…**3コマ進む**

⑫

朝は？

●けっこう早起きのほう…**2コマ進む**

●寝坊のほう…**診断Dへ**

⑬

トイレはどちらかと言えば近いほう？

●いいえ…**4コマ戻る**

●はい…**2コマ進む**

⑭

クレジットカードの特典や割引券の類は？

●よく利用する…**診断Cへ**

●あまり利用しない…**診断Dへ**

⑮

セミがミンミン鳴いています。あと何日ぐらい鳴き続けると想像しますか？

●5日ほど…**診断Aへ**

●2日ほど…**診断Bへ**

＜診断は次ページから！

診断 あなたが「ためこみやすい」原因はコレ！

A 我慢しすぎ

あなたは真面目で辛抱強いタイプ。何事もきちんと成し遂げよう、責任を果たそうと、頑張り抜こうとするでしょう。それ自体はとても立派なことですが、〝ためこむ〟という点からすると、辛抱強さが我慢しすぎとなって表れ、結局は過労からダウンなんてことになりかねません。

というわけで、あなたは馬車馬のように頑張らないこと、逆に言えば**「ひと頑張りしたらひと休みする」習慣をつけること**をおすすめします。特に仕事熱心なあなただけに、オーバーワークには要注意。予定より1時間早めに切り上げたり、遅くまで残業したら真っすぐ帰って早寝するなど、とにかく体を休ませることを忘れずに。

B 心配性

感受性が豊かなのはいいことですが、心配性の傾向が強い点はちょっと問題です。何をするにも、つい「この先どうなるのだろう」とか、「この私にできるかしら？」などと不安になってしまいがち。あまり不安をためこむと、それが気づかないうちに心身をむしばむことになりかねません。

そんな不安を消し去るには、余計なことを考えないのが一番です。そのためには、**「考えたってしょうがないよ」などと忠告してくれる、楽観的な友達や同僚と親しくつき合う**といいでしょう。

そんな人がいなかったり、一人でいたりするときは、名言集、人生の応援歌、ハッピーエンドの映画やドラマが不安の解消に役立つことを覚えておきましょう。

C 合理的に考えすぎ

合理性が発達し、物事をてきぱき処理する傾向が強いあなた。かなり有能な人と言えますが、反面、時間・労力・お金などを無駄にしたくないという気持ちが強すぎる点は問題です。周囲の人に「つき合いが悪い」、「ケチな人」などと思われて、なんとなく避けられたり、嫌味を言われたりすることも少なくないはず。そんな周囲からの不評が不満となって心にたまり、やがて爆発なんてことになったら大変です。

というわけで、これからのあなたは**目先の利益にとらわれず、もっと大きな視点で損得を判断するようにしないといけません。**無駄と思えるおしゃべりにもつきあったり、人助けのために気前よくお金を出したりしたいものです。

D めんどくさがり

楽天的でのんびり屋のあなた。むやみにあくせくしないのはいいのですが、やるべきことになかなか手をつけなかったり、細かい作業をやたらおっくうがったりと、だらしなくなりがちな傾向はかなり問題。仕事や用事はどんどん遅れるし、資料・食品・雑誌・道具などのモノもたまる一方でしょう。ヘタすると〝片付けられない女〟や〝ゴミ屋敷の女主人〟になってしまい、周囲から非常に迷惑がられる心配も……。

そんなあなたにおすすめしたいのは、**これを片付けたらケーキを食べようなどと自分にご褒美《ほうび》を与えること。**案外やる気が出てくるし、周囲もそんなあなたを温かい目で見てくれます。励まし上手の友人や同僚を持つのももちろん有益です。

不安や不満をためこまないための、心の整理術

精神科医
名越康文

不安や不満、ストレスなど、
ためこんでしまった余計なものを整理して、
心穏やかに過ごすために、
大切なことをご紹介します。

なこしやすふみ＊精神科医。相愛大学、高野山大学客員教授。専門は思春期精神医学、精神療法。テレビ・ラジオのコメンテーター、映画評論、漫画分析など様々な分野で活躍中。主な著書に『驚く力』（夜間飛行）、『自分を支える心の技法』（医学書院）、『どうせ死ぬのになぜ生きるのか』（ＰＨＰ新書）などがある。

まずは心がどんなものかを知ること

ためこんでしまったものを捨て、心を整理するためには、まず「心」がどんなものかを知っておかなくてはなりません。

皆さんは、「心」というと、どんなものを思い浮かべますか？　ハート型であったり、なんとなくまるいものであったり、かたちあるものをイメージする方が多いのではないでしょうか。つまり、擬似的《ぎじてき》に「もの」として心を捉《とら》え、扱っていると思います。

しかし、心は全然そんなものではありません。講義や会議を一生懸命聴こうと思っているのに、ふと今日の夕食のことを考えたりするような経験はありませんか？　あるいは、昨日恋人との喧嘩《けんか》で言ってしまった取り返しのつかない

一言が頭の中で鳴り続ける。
たったこれだけのことでも、心というものが、全然自分の思い通りにはならないことがわかってもらえると思います。それだけ不安定で、揺れ動いている、ちょっとわけがわからないくらいの、燃え盛る炎のようなものが心なんです。

心の声を聞きすぎるとパンクする

ある著名な心理学者は、心を「4頭立ての馬車」と表現しました。私の観察によると、この4頭の馬というのが、それぞれにクセがある。ある馬は右へ行こうとし、ある馬は左へ、ある馬は立ち止まろうとし、ある馬は猛然と走り出そうとする。これが私たちの心だというわけです。

ここで間違えてはいけないのは、私たちは御《ぎょ》者《しゃ》であって、馬ではないということ。実は、ほとんどの人が、この馬が自分だと思っています。暴れる4頭の馬の声を聞いて、それが自分の心の声だと思っている。でも、馬を御《ぎょ》し、馬車の行き先を決める御者が自分なのです。

「ためこんでいる」という状態は、4頭の馬の

取材・文：編集部　イラストレーション：東山容子

「これ欲しい」「あれは嫌」という声を全部聞いてしまって、御者＝自分がほんとうはどこに行きたいのか、なにをしたいのかが分からなくなってしまった状態です。心の声を聞きすぎているる。それでは誰だってパンクしてしまいます。

だから今よりちょっとだけ心を落ち着かせて、自分がほんとうにやりたいことは何か、向かいたい方向はどちらか、御者の声を聞いてみてください。御者の声が聞こえて、自分がほんとうにやりたいことが分かったら、自分の欲求が整理できて、「ためこむ」状態が、かなり解消できるはずです。

「心」と「自分」を分けて考える

心をコントロールするためにいちばん大事なのは、まず心と自分との間に溝をつくること。薄皮一枚でいい、のれんをつくるんです。ここより向こうは心、こっちは自分。そうやって心と自分とを分ければ、コントロールするという意識も持ちやすくなります。混乱した心の整理も、いまの4分の1くらいの労力でできるようになりますよ。

心の整理をする4つの方法

やみくもに情報をためこまない

↓ネットに触れない時間を意識してつくる

社会がますます不安定な分、「孤立したくない」「最新の情報がほしい」という強迫観念から、インターネットに依存し、ついつい情報をためこんでしまう人がいます。なにが正しくて、なにが正しくないのか、なにが自分にとって有益な情報なのか、整理できないままにためこむので、よけい不安になり、他人に対してやたらと攻撃的になってしまったりもします。

そういう人は、意識的にインターネットから離れる時間をつくりましょう。その上で、顔が見えている生身の人間との対話の中で、信頼できる、意味のある情報を整理して、バランスをとることが大切です。

後ろ向きな気持ちにのみこまれない

↓心を切り離して、とりあえず行動してみる

朝起きて、なんとなく暗い気分になってしまっているときや、「仕事に行きたくないなぁ」と、後ろ向きな気持ちになってしまっているときは、「心がまた混乱しているなぁ」と、他人事として捉えること。

「あ、なんか心が勝手に暗くなってるな」と考えて、顔でも洗えば、ちょっとやる気になれるはずです。

それでもやる気が出なかったら、まずは目の前にあることから手をつけてみましょう。企画書を書くのに気が乗らないなら、まずは2行でいいから書いてみる。文章になっていなくてもいいから、自分の言いたいことを書いてみる。そうして道筋をつくったら、最初の2行は消してもいい。たいていは2行だけで終わらなくて、気がついたら何百字も書いてしまっていたりする。こうしているうちに、いつの間にか半分くらい出来上がっていたりするものです。そうすると、「あ、もう半分できたじゃん」と、気楽に進められます。

他人に対する不満を引きずらない

↓不満は勝手な期待から生まれていると自覚する

人に対して不満が生まれるのは、予測や期待が裏切られるからです。

たとえば、麦茶だと思ってそうめんのつゆを飲んでしまったとする。ここで現実をありのままに捉えていれば、ただ冷静に「あ、これは麦茶だと思ってたけど、そうめんのつゆだったのか」と思うだけのはずです。そこでぎょっとするのは、「これは麦茶で、こんな香りでこんな味」と、無意識に予測して、その予測が裏切られたからなんです。

人に対しても、無意識のうちに勝手に期待していることを自覚し、意識的にその期待をニュートラルに戻すことが大切です。そうするだけで、勝手な期待から生まれる不満はなくなり、相手との関係はぐっといいものになります。

「寂しさ」「不安」に支配されない

⬇一人でできる趣味を持つ

絶えず誰かに構っていてほしいという人や、週末に予定が入っていないと不安でしょうがないという人がいます。そうした人は、いつでも自分と一緒にいてくれる人ばかりを求めるようになりますが、それがかなえられないと寂しさや不安をためこんでしまいがちです。

そうした人は、一人でできる趣味を持ちましょう。ウォーキングや水泳などのスポーツでもいいですが、僕がおすすめするのは、茶道や華道といった伝統的な習い事です。伝統的な習い事には必ず自分で自分の時間を豊かにする方法論が隠れています。ただ漫然と技術を習うのではなく、自分の心としっかり向き合い、心が落ち着いていることを確認しながら習い事をすることが大切です。

この記事は『ＰＨＰスペシャル』2011年８月号に掲載されたものです。

「やめたいのにやめられない」を“断捨離”で解決

やましたひでこ

クラター・コンサルタント。30年にわたりヨガの行法哲学「断行・捨行・離行」を学ぶ。「断捨離セミナー」を全国各地で展開。著書に『50歳からラクになる 人生の断捨離』（祥伝社）、『伝説のヨガマスターが教えてくれた 究極の生きる智恵』（共著／ＰＨＰ研究所）など多数。

自分の中にある「やめられない理由」を探そう

どうしてもやめられないことがある――。

そんなとき、「自分は意思が弱くてダメな人間だ」と決めつけたり、自分を責める必要はありません。大切なのは、「どうしてやめられないのか」を自分に問いかけてみること。やめられない理由、やめたくない理由がかならずあるのですから。

断捨離は引き算の解決方法です。ですから、やめることにブレーキをかけている何かを見つけて、取り除くことを考えていきます。

それはたいてい「防衛」や「怖れ」の気持ちです。自分が何を守ろうとしているのか、どんなデメリットを怖れているのか考えてみましょう。何か満たされていないことがあるのかもしれません。断捨離はつねに自分軸。とことん自分と向き合ってみてください。

取材・文：荒井麻理
イラストレーション：くどうのぞみ

Aさんのお悩み

帰宅したら、ビールを飲んでダラダラ…こんな自分をなんとかしたい！

仕事を終えて帰宅したら、すぐにビールを飲み始めます。そのうちに酔っぱらって眠気に襲われ、メイクも落とさずに寝てしまいます。この悪習慣をやめたいです。

自問自答①
私はどうしてビールを飲むの？
↓ビールを飲みながらダラダラと過ごすことが快感だから

自問自答②
なぜダラダラしたいの？
↓昼間は自分を律して、緊張しながら仕事。家にいるときくらいダラダラしたいから

自問自答③
どうしてその習慣がやめられないの？
↓本来の自分でいられるリラックスタイムがほしいから

Aさんの「本来の自分でいる時間」を守ろうとする気持ちが、ビールを飲んでダラダラ過ごすという行動として表れていることがわかりましたね。

Bさんのお悩み

スマホを使い過ぎて時間を無駄に過ごしてしまう！

毎日、スマートフォン（スマホ）と向き合っている時間が長くなり過ぎます。その時間をもっと有効に使ったほうがよいと思うのですが抑制できません。

自問自答①
どうしてスマホを長時間使うの？

↓新しい情報を追いかけていたいから

自問自答②　どうして新しい情報を追いかけたいの？

↓情報に敏感で、知識が豊富な人ってかっこいいと思うから

自問自答③　スマホで新しい情報を得ている自分に満足？

↓知りたいことを知ることができて愉《たの》しいし、満足している

Bさんは「情報や知識が豊富な人はかっこいい」という自分の価値観を守りつつ、知的欲求を満たしていることがわかりましたね。また、かっこいい人になろうとしている自分に価値を見いだしてもいます。

ほんとうのところどうしたいのか、じっくり問いなおしてみる

自分と向き合い、自分の中にある「やめられない理由」がわかったなら、次のステップに進みましょう。

ここでもやはり大切なのは自問自答です。やめられない理由をふまえて、「ほんとうのところ、自分はどうしたいのか、どうありたいのか」をあらためてじっくり問いかけてみてください。ほんとうにやめたいと思ってる？――「実は、やめたくない」「やめる気はない」→「やめない！」という結論でもおおいに結構。自分に素直なあり方を選択するのがいちばんなのです。

「自分がしていることは悪い習慣だ」「やめなければならない」と考えること自体をやめる(断捨離する)。これも一つの始末のつけ方です。やめるつもりなどないのに「やめなければならない」と思うことは、エネルギーのムダづかいに過ぎません。

不安を解消することで「ごきげん」になれるか考える

ここでちょっと応用編。

先のケーススタディのAさんの場合、毎晩ビールを飲み続けることで健康を害してしまわないか、メイクを落とさずに寝てしまうことで肌が荒れてしまわないか心配だと言います。Bさんも、スマホの画面を長時間見ていると目に良くないのではないかと気になるそうです。

こういった不安が頭をよぎる場合は、どのように始末をつければよいのでしょうか。

ポイントは、「健康を害する」「肌が荒れる」との認識を持つことが、自分にとって有効かどうかを自身に問いかけることです。

「健康を害して、肌も荒れるから、毎晩ビールを飲むのをやめよう」「目に良くないから、スマホを使う時間を短縮しよう」と真剣に思うでしょうか。

「ビールを飲むのをやめることで、健康で美しい自分を実現させよう」「スマホを見るのを控えれば、視力を保つことができる」と希望や喜びがわいてくるでしょうか。

こうした自問自答をしながら、ほんとうの気持ちをあらためて明確にしたうえで、やめるのか、やめないのか、自分の気持ちに素直にしたがいましょう。

自分が何を求めているのか、何を満たそうとしているのかに焦点をあてて考えることが大切です。

断捨離の合言葉は「いつもごきげん」。希望や喜びにつながる選択をし、自分にとって心地好《い》い日常を追求していくのです。

もしも「やめない」と決めたのであれば、今後は、Aさんならビールを心から愉しみながら飲むこと、Bさんならスマホを存分に堪能《たんのう》することです。

未来に不安や怖れを抱いたとしても、それが現実になるかどうかはわかりません。私たちはなんの保証もない世界で生きているのです。それならば、希望や喜びを抱いて「いつもごきげん」でいるほうが素敵だとは思いませんか。

「生命が喜ぶかどうか」を判断基準にする

私たちが悪い習慣をやめて、良い習慣を身につけていこうとするのは、できれば健全な毎日を送り、幸せになりたいと願うから。ある習慣についてやめる・やめないを判断するときも、自分にとって健全で、幸せなことであるかどうかを基準とするのです。

しかし、健全とは何なのか、幸せとは何なのかの正解を、私たちは誰にも教わってきませんでした。そもそも健全、幸せとは何を基準に判断すればよいのでしょうか。

その答えは「生命」にあると私は思っています。私たちは死ぬまで生き続けなければならず、生きることが宿命です。したがって、すべてにおいて生きること、生命を大切にすることが基準となります。

生命にエネルギーを与え、生命の喜びにつながる習慣、生き方を追求していくのが人生そのもの。人生をめいっぱい愉しみ、面白《おもしろ》がっていきませんか。

「こうあるべき」という考えを捨てる

良い習慣か、悪い習慣かの判断は、生命を持つ本人でなければできないことです。世の中には、「こうあるべきだ」「こうするのが良い」という規範《きはん》や考え方がたくさんありますが、それがすべての人に良いものであるのかは、実はわかりません。

極端な例かもしれませんが、私自身、「1日の食事は3回」「夜に寝て朝起きる」などの習慣を断捨離しました。自分の生命（本能）を基準にして、お腹《なか》がすいたときに食べる、眠たいときに寝るのです。

もちろん、人に迷惑をかけるようなことはしてはならないし、生きるうえでしなければならないこともたくさんあります。

ただ、「～でなければならない」という凝《こ》り固まった囚《とら》われやこだわりは断捨離してもいいのでは？

人それぞれに生命があり、価値観があります。あえて悪い習慣を挙げるとすれば、自分の価値観を他者にも押しつけること、そしてその価値観の違いに自分が勝手にイライラしてしまうこと、でしょうか。

自分は自分、他者は他者。自分の期待どおりに相手があってほしいと思うと、そのギャップに悩まされるだけです。価値観の違う者同士が幸せに共存できることを考えるのも、私たちの人生の課題ではないでしょうか。

あなたを振り回す「困った人」への対処法

香山リカ

かやまりか＊精神科医、立教大学現代心理学部教授。著書に『気にしない技術』（ＰＨＰ新書）など多数。

ペースに巻き込まれるのは、共通する部分をもっているから

困った人に振り回されないためには、とにかく冷静に対応することが大切です。そのためにはまず、振り回す相手と、振り回されそうになっている自分を少し離れたところから眺《なが》めてみましょう。「この人、またこんなわがまま言っている」「私、また困らされている」という二者の図式が見えてきます。そのパタ

ーンがわかれば、次にまた振り回されそうになった時に「いつものことだ」と落ち着いて対処でき、相手のペースに巻き込まれることもなくなるはずです。

　それでも、どうしても振り回されてしまう場合。実は、相手の中に自分と共通する部分があるから気になり、巻き込まれるということが少なくありません。たとえば、「この人、なんてわがままなの！」と思うのは、自分にもわがままな部分があるから。さらに、「この人みたいに自分勝手に振舞《ふるま》いたい」という願望がある可能性が大きいのです。

　そういう場合は、実際にわがままに振舞ってみたりして、自分の中でいつも抑《おさ》えている部分を出してみると気持ちが楽になったりするものです。

　そう考えると相手に対して、そうイライラすることもなくなるのでは？

　とはいえ、振り回されて実害を被《こうむ》るのは避けたいところ。「振り回す人」5タイプ、それぞれへの対処法をご紹介しましょう。

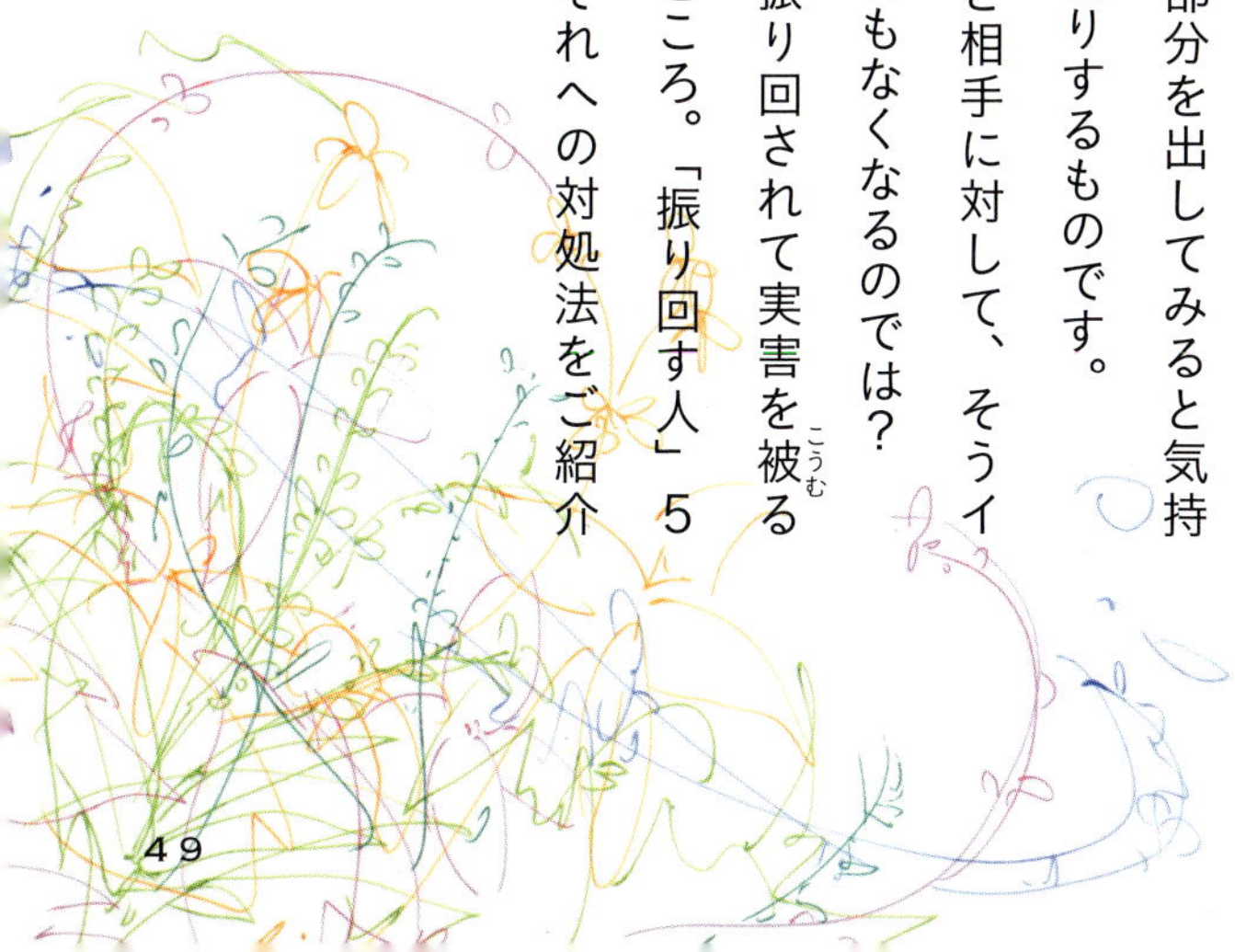

タイプ1

わがままな人

他人の都合や気持ちに無頓着《むとんちゃく》で、自己中心的な言動をする人。

自分勝手に振舞う人というのは、往々にして心に余裕がないもの。だから、他人の都合や気持ちにまで気が回らないということもあるでしょう。このタイプには、キレるでもなく絶対服従でもない中立的な態度をとることが大切。「あなたも少しゆっくりやってみたら」「一日二日、待ってもらえる?」などと言って少し時間をかせぎ、相手を落ち着かせましょう。そのうちに相手のわがままがおさまる可能性があります。あるいは、無理をきいてあげる場合でも、「ここまでは私がやるけど、残りはあなたがやって」というように何か条件をつけるようにしましょう。そうすれば相手のわがままもそれ以上エスカレートしません。

↓キレず服従せず、時間かせぎをしてみましょう

ちょっと待ってもらえる?
いますぐこれがしたいの!

取材・文：鈴木裕子
イラストレーション：青山京子

タイプ2 でしゃばりな人

「自分が自分が」としゃしゃり出て、自分の能力以上のことをやりたがり、結果的にトラブルを引き起こす人。

自信過剰ででしゃばりな人の心の奥をのぞいてみると、実は自分に自信が持てず、だからこそいつもはったりをかましている……ということが少なくありません。ただ、そのことをずばり指摘すると、相手は痛いところを突かれただけに逆上する恐れが。こういうタイプに対しては、ひとこと相手を尊重する言葉を付け加えてからたしなめるのが賢い方法です。「そう言ってくれるのはありがたい」「あなたにはいつもやってもらって助かっている」などと前置きしつつ、「でも、たまには別の人にもお願いしてみましょう」とやんわりと言ってきかせる。こうすれば相手のプライドを傷付けず、トラブルも未然に防げるはずです。

↓「ありがたい」と前置きしてから、やんわりたしなめましょう

タイプ3 卑屈な人

何を言っても嫌味に受け取り、こちらのモチベーションを下げる、ひねくれた人。

過去に人に裏切られたり傷付けられるなどして、悲しい、つらい経験をしている人は、これ以上傷付きたくないからと、自分のまわりに殻《から》をつくることがあります。ネガティブな言葉は、その殻のようなものです。このタイプは誰に対してもネガティブなことを言っているので、あまり真に受けずに聞き流しておきましょう。なお、あまりにひねくれていると「人のやさしさを教えてあげなくちゃ」「私が素直な人に変えてあげよう」と思いたくなるかもしれませんが、そうした使命感を持ちすぎると自分の生活のペースを崩されるので注意。一定の距離を保ちつつ、自分のできる範囲で話を聞いたり親切にしてあげましょう。

↓「変えてあげよう」と思わずに、一定の距離を保って

タイプ4

何でも人に頼る人

何でもかんでも人に押し付けて、自分では何もしようとしない人。

　このタイプについては、感情に引きずられないことが肝心《かんじん》。

「あなたはいつも人に頼ってばかりね」「迷惑なの」と本当のことを言うと、相手は「○○さんは意地悪《いじわる》」とあなたの悪口を言いふらしかねません。実害を被りたくないなら冷静に、「私は忙しいのでこれ以上のことはできない」とはっきり伝えること。もし、相手が年下だったり、関《かか》わりの深い人できっぱり断るのが心苦しいなら、まずは「あなたにもできるはず」とモチベーションを高めてあげましょう。そして、少しでもできたら「けっこういいじゃない」「私がやるよりうまくできてるね」とおだてて、相手に自信を持たせ自立を促すという手も有効です。

↓「迷惑」ではなく、「できない」と伝えましょう

タイプ5

気分屋な人

気分の浮き沈みが激しく、機嫌が悪いと周囲に八つ当たりする人。

気分屋タイプとつきあっていると、「私が悪いことをしたんじゃないか」「私は人を不愉快にさせてしまうダメな人間なんだ」などと考えてしまいがちです。しかしこの場合も、冒頭で述べたように、相手と自分を一歩引いたところから見ることが肝心。そうすれば、相手を「また始まった」「困った人ね」と思いながら適当に受け流すことができます。なお、このタイプに振り回され、心を乱されないためには、普通につきあえる友人や知人と会って話をして、「私はダメ人間ではない」ということを確認して、自分の自信を高めておくことがとても大事。そうすれば、気分屋を前にしても心に余裕をもってつきあうことができます。

↓一歩引いたところから冷静に観察してみましょう

毒素を取りこまない、
ためこまない

今日から始める簡単デトックス生活

東京健康クリニック総院長
大森隆史

おおもりたかし＊統合医療を基本に有害物質除去を根底にした「デトックス」医療に取り組む。著書に『からだの毒消し生活術』（サンマーク出版）など多数。

取材・文
粟生こずえ

体内にたまった毒素を出すことで健康を取り戻す「デトックス」。数年前にブームになったときには、岩盤浴やエステが流行しましたが、これがデトックスのすべてではありません。その本質は、生活の中で知らないうちにたまっている毒素を排出すること。そして、毒素をなるべく身体に入れないための正しい知識を持つことです。まずは、次のリストから思い当たる項目をチェックしてみてください。数が多いほど、毒素が蓄積している可能性が高いと言えます。

□風邪をひきやすい
□便秘、あるいは下痢をしやすい
□肌が荒れ気味である
□肩がこりやすい
□シミが増えた
□スナック菓子や油ものが好き
□ほとんど運動しない
□疲れがとれていないと感じる
□野菜をあまりとらない
□お風呂はシャワーですませがちだ

デトックスのメカニズム

「取りこむ量を少なく」「出す量を多く」が基本！

知らない間に取りこんでしまっている毒素

現代人の生活は、さまざまな毒素にさらされています。排気ガスやタバコの煙、シャケやマグロなどの大型魚に含まれる水銀やヒ素。水道水に含まれる鉛。殺虫剤や防カビ剤、食品に含まれる添加物などの化学物質、農産物の残留農薬など。代表的な毒素＝有害物質には、水銀、鉛、カドミウム、ヒ素などがあります。これらには、免疫力を低下させたり、身体に害を及ぼす活性酸素を発生させる、また有益な酵素の働きを阻害するなどの作用があり、さまざまな健康障害をもたらすのです。

ためこんだ毒素を効率的に出す

そこで、知らず知らずのうちに体内に蓄積されてしまった毒素を排出するのが「デトックス」です。誤解している方も多いようですが、「デトックス＝汗をかくこと」ではありません。毒素を出すには、汗や尿、便などが出口になります。しかし、体内の毒を吸着させる物質を摂取しないと、スムーズに毒を出すことはできないのです。58ページから紹介する、毒出しを手伝う食事、身体に毒素を取りこまないためのデトックス習慣を、今日から実践していきましょう。

デトックスで身体はこんなに変わる！

① 新陳代謝がよくなる

身体の中の毒素が排出されると、内臓の機能がよくなり、新陳代謝が活発に行なわれるようになります。便秘、冷え性や肩こりの改善だけでなく、自然に健康的にやせることができるのもうれしいメリットです。

② 肌がきれいになる

水銀、鉛などの有害重金属は、活性酸素の発生を促し、細胞を酸化させ、シミやシワの原因になります。また、肌のハリやツヤを守るヒアルロン酸の材料物質となるグルコサミンの生成を阻害することもあると言われています。デトックスで有害重金属を排泄することで、肌は若返ります。

③ 疲れがスッキリとれる

代謝がよくなり、全身の健康状態が改善されるため、身体が軽くなり、イキイキと活動できるようになります。「何となくいつも元気がない」「だるさがとれない」といった状態から脱出することができれば、気分も爽快に。

④ 頭がスッキリ、気持ちも穏やかに

水銀や鉛は脳関門を通過し、脳に蓄積されます。脳にたまった毒素は、記憶力や集中力の低下、精神的な落ち込みやイライラの原因にも。デトックスで、まず脳を活性化しましょう。

⑤ 花粉症・アレルギーが緩和

花粉などの「抗原」が入ると、体内ではそれを攻撃する「抗体」がたまります。アレルギー反応とは、抗体が身体の許容量を超えたときに出るもの。身体によくない物質を排出し、極力取り入れない習慣をつけることで、「抗体」を減らします。

今日から始める
デトックス習慣

食生活

添加物の少ない食品を選ぶ

カップ麺やスナック菓子、コンビニの弁当などには、食品添加物がたくさん使われています。よく食べる人は、これを少なくするところから始めましょう。調味料や加工食品を買うときも、表示をよく見て、添加物の少ないものを選びます。

デトックス食材、
玉ねぎを常備

有毒物質だけをつかまえて体外へ出してくれる「キレート成分」を含む食材をとりましょう。最もキレート効果の高いのは、玉ねぎ。にんにく、にら、ネギなど、硫化アリルを含むもの。そのほか、デトックス効果の高い食材には、レンコン、りんご、ブロッコリー、コリアンダー、海藻などがあります。

大型魚は控える

水中には、海中火山由来などの金属が存在していて、とくにマグロ、シャケ、メカジキ、キンメダイなどの大型魚には、水銀やヒ素が多く蓄積されています。魚は小型魚を選び、食べすぎないように注意すること。食べるときは、玉ねぎなどデトックスに有効な食材をいっしょにとるようにするなど、工夫しましょう。

オリーブオイルを使う

加熱調理には、サラダ油よりも酸化しにくいオリーブオイル、ドレッシングにはグリーンナッツオイル、アマニ油、シソ油などがおすすめです。アマニ油などは、血液の流れを改善したり、免疫力を向上させるα-リノレン酸を多く含んでいます。

マーガリンをバターに替える

マーガリンやショートニングなど、液体油に水素を添加した脂《あぶら》は控えて。これらは精製の過程でトランス脂肪酸ができ、アレルギーを助長したり、免疫力低下の原因になります。ただし、バターもとりすぎには注意。

食物繊維をたっぷりとる

有害物質の大半は便から排出されるので、便秘をしないことは重要項目。食物繊維が豊富なゴボウ、キノコ類、ワカメ、コンブ、乳酸菌の豊富なヨーグルトなどを積極的にとりましょう。

飲み水は安全なものを

朝晩に水を飲みましょう。朝食前の1杯は、腸の動きを活発にし代謝を高めます。夜は、その日の毒を処理しようと内臓が働く時間帯。翌朝の排泄の準備に、就寝前にも1杯。冷え症の方は、白湯《さゆ》かハーブティーで。水道水には有害ミネラルの鉛が含まれていることも。飲料水には、ミネラルウォーターか、逆浸透膜タイプの浄水器でろ過した水がおすすめです。

今日から始めるデトックス習慣

行動

「よく歩く」を日課に

軽く汗ばむ程度のウォーキングを心がけて。ただなんとなく歩くのではなく、筋肉を使うことを意識して歩けば、生命維持に必須《ひつす》のエネルギー、ATP（アデノシン三リン酸）が生産されます。ビタミンB群をとると、さらに効果的です。

十分な睡眠をとる

血液が全身をめぐる睡眠中は、毒素が排泄され、肝臓や腎臓《じんぞう》の働きも活発になります。身体をリセットするためにも、睡眠は大切です。

紫外線の浴びすぎに注意

紫外線の浴びすぎは体内の「活性酸素」の過剰な発生を促します。活性酸素は有害な菌を攻撃する働きなどをしますが、増えすぎると細胞の老化やがん発症のリスクにつながります。日光浴などで肌を焼きすぎないよう注意しましょう。

温冷浴

39～40度のぬるめのお湯に、腹部のあたりまでつかる半身浴。身体が温まったら水シャワーを浴びて、また半身浴……を繰り返すと血流がよくなります。汗をよくかいて、皮脂腺から汗といっしょに毒素を排出させます。

歯の詰め物を替える

歯の詰め物に、銀合金やアマルガム合金（水銀と他の金属との合金）が使われていたら、セラミックへの交換を。歯科金属は長い間に少しずつ溶け出して、金属アレルギーをはじめ、生活習慣病の原因となっていることも。

なんだか疲れたなと思ったら……

自律神経を整えるデトックス呼吸法

息を吸うときに肩に力を入れて交感神経を刺激、息を吐くときに一気に力を抜いて副交感神経を刺激。この２つのスイッチを入れたり消したりすることで自律神経を鍛え、全身の生体リズムを整えます。

1
椅子に座って背筋を伸ばし、口から息をすべて吐く。

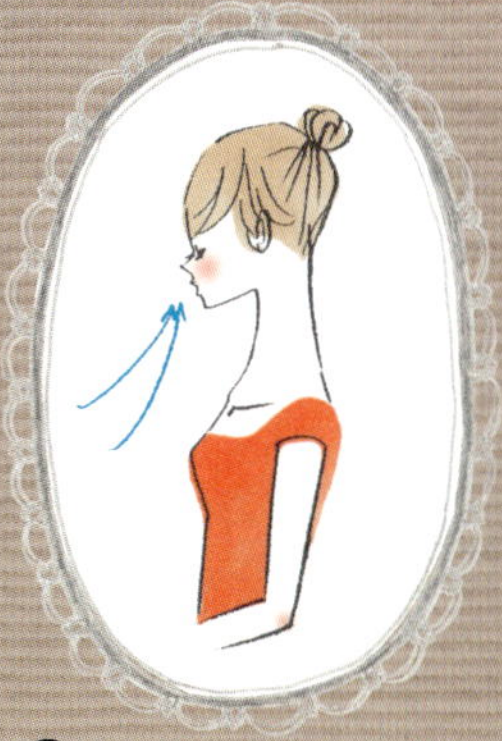

2
鼻からゆっくり、肩に力を入れて息を吸いこむ。

3
肺にいっぱい空気がたまったら、肩の力を抜きながら口から息を吐き出す。

イラストレーション：佳矢乃

デトックス生活のコツは、「縛り」を緩くすること

最初は小さなスタートから。たとえば、食品選びに気をつかってみる―そんな取り組みから、少しずつ意識を変えていきましょう。自分の身体がどのようになっているかに真剣に向き合うことは、生き方を見つめ直すことでもあります。調子が悪いと、何をする気も起きないものです。身体のコンディションがよくなれば、毎日はもっと楽しくなるはず。人に優しくもなれますし、いろいろなことに積極的になれるでしょう。ストイックに「これは食べない」などと縛りを強くしすぎると、ストレスがたまってしまう場合もあります。まずは、「サラダ油をやめて、オリーブオイルにしてみようかな」……こんな気軽なところから、毎日無理なく継続できることを探してみましょう。

ストレスをためない！　後腐れゼロ！　好感度アップ！

「さようなら」したい時の切り上げ方&マナー

人材育成コンサルタント

能町光香

だらだら続く飲み会、切り上げ時がつかめないメールや長話……。そうした「さようなら」したい時、どのようにすればいい印象を残し、さらっと終わらせることができるのでしょうか？「去り際」や「切り上げ方」のコツをご紹介します。

「終わりよければすべてよし」とは本当によく言ったもので、何事も終わりがいいと、それだけで気持ちがよくなるものです。1日の終わり、長い時間をかけた仕事の終わり、人とのお別れ……。辛《つら》かったことも悲しかったことも、その終わり方ひとつで、いい思い出にも、苦い思い出にもなります。あなたにも、そんな経験がありませんか？

たとえば、初対面の人と1週間仕事を一緒にすることになった場合。最初は、仕事のやり方やペースがあわずに、気苦労が絶えず辛い日々だったけれども、一緒にいる時間が長くなり、相手のことがよくわかってくると、だんだん一緒に仕事をするのが楽しくなってきた……。

というように心の変化が起きることで、最初は辛いと思っていた時間が、最後には楽しかっ

イラストレーション：こばやしみなこ

のうまちみつか＊大学卒業後、商社に勤務し、オーストラリアで日本語教師をつとめる。その後、10年間にわたりエグゼクティブ・アシスタント（社長／重役秘書）としてトップマネジメントの補佐をする。外資系の証券会社、製薬会社、老舗宝飾品ブランドの社長室などにつとめ、現在はエグゼクティブ秘書の養成や「気がきく」をテーマに講演や執筆を行なう。日本人では数少ない上級米国秘書検定合格者。代表作『誰からも「気がきく」と言われる45の習慣』（クロスメディア・パブリッシング）の他、著書多数。 公式サイト http://www.link2u.co.jp/

た時間へと変わっていくこともあります。そんな終わり方をした出来事は、あなたの心に楽しい思い出として残っていきます。

あなたの心に残っている出来事は、どんなエンディングを迎えましたか？　きっと気持ちのいい終わり方をしているものばかりではないでしょうか。人の記憶に残るのは、いい思い出だけであって、辛いことは忘れていってしまうもの。ですから、小さなことでも、気持ちのいいエンディングを心がけてみてください。

何事も「ハッピー・エンディング」が一番です。万が一最初につまずいてしまっても、終わりさえうまくいけば、なんとかなってしまうもの。

そんな「ハッピー・エンディング」へ導くコツをご紹介します。

たとえばこんな時

延々続く長話やメールを切り上げたい

オフィスの給湯室で先輩の愚痴《ぐち》を聞いていたらつい長くなってしまった。スーパーで近所の人に声をかけられ、立ち話をはじめたらいつのまにか1時間が経《た》っていた……そんな経験はありませんか？　「用事があるから早く切り上げたい」と思っていたとしても、なかなか素直に伝えられない自分に嫌気がさしてしまったり。

「本音で接する」ことは、実は、とても大切なことです。なぜなら、人と関係を築く時に必要なのは、自分の考えをきちんと伝えることだからです。自分の考え、というのは「本音」と言い換えることもできるでしょう。

「すみません、ちょっと今、急ぎの用事があるので」「申し訳ないのですが、急な用事があるので、また後日お話しさせてください」と、恐れずに素直に伝えてみる。人間は「わからないもの」「得体の知れないもの」に対して不安になってしまうもの。意思表示がはっきりしていないようでは、円滑なコミュニケーションがはかれません。誰に対しても、心を開いて、本音で接していきたいですね。

また、メールのやりとりが頻繁に続き、「どこで終わらせたらいいのだろう」と切り上げるタイミングに悩んでしまうこともあるでしょう。そんな時も同じように、本音で接すること。「ごめん。明日、早朝会議があって、朝早いからそろそろ寝るね」「子どもがもうすぐ帰ってくるので、夕飯の支度をしないといけないの。また後で連絡するね」というように、それぞれ理由を添えることで、相手も納得してくれるでしょう。

⬇「本音」を素直に伝えましょう。

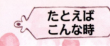

たとえば
こんな時

抜け出しにくい飲み会やパーティーから去りたい

先輩に誘われたから、仲の良い友達から誘われたので……というように、どうしても断りづらく、なんとなく飲み会やパーティーに行くことになってしまった経験をもっている人は多いでしょう。「それなら、ちょっとだけ顔を出すね」と言ってしぶしぶ参加した会も、気がつけば2時間が経過。真ん中の席に座ってしまい、なかなか抜け出すのが難しく、どうしよう……などという経験はありませんか？

そんな時は、「タイミング」を見計らって、「ちょっとお化粧室へ」と言って席を立ち、戻ってきたら主催者に「今日はちょっと疲れているので、お先に失礼します」と伝えてから帰るといいでしょう。大切なことは「タイミングを読む」ということ。話題が変わった時や、話している相手の携帯電話に着信があった時など、きりのいい時にスッと席を立つといいでしょう。もちろん、キーパーソンとなる人への挨拶は忘れずに。

➡「ちょっとお化粧室へ」と言ってきっかけをつくりましょう。

たとえば こんな時

セールストークを打ち切りたい

エステサロンで施術を受けたり、ネイルサロンで爪を奇麗にしてもらっているひとときは、女性にとって至福の時間です。

でも、お会計が近づく頃には、そんな夢のひとときから現実に引き戻される、そんな経験はありませんか？

「次回の予約をしていただくと、○○の特典があるので、ぜひ今日予約していってください」「ネイルを長持ちさせるために、こんな商品があるんですよ、お使いになりませんか？」と、なかなか席を立たせてもらえない状況。断りたくても、なんとなく断るのが悪い気がしてしまって、ついつい……。

こんな時は、きちんと意思表示をすることが大切です。断りたい時は、下手な社交辞令を言わずに、キッパリと断りましょう。なぜなら、はっきりしない態度が相手を困らせてしまうからです。「断る」ことは、決して悪いことではありません。ですから、断る時は、その理由を具体的に、そして早めに伝えることを心がけるといいですね。

⬇はっきりしない態度はかえって迷惑。理由を添えて、キッパリ断りましょう。

たとえばこんな時

注意や叱責の後の重々しい雰囲気を断ち切りたい

人が誰かを怒ることで、その場の雰囲気が一瞬にして悪くなることがあります。怒られた当事者はもちろんのこと、その周りの人たちも重々しい雰囲気に包まれ、まるで自分のことのように、気分がふさがってしまうことも。

あまりにも辛い時は、気分を変えるために、席を立って、ひと休みするのもいいでしょう。そして、怒られた当事者に声をかけられる状況であれば「○○さん、期待されているのね。私も頑張らなくっちゃ！」「○○さん、気を落とさないでね。みんな○○さんの味方よ」と、優しいひと言をかけてあげましょう。

また、声をかけられない状況であれば、メモに書いて渡したり、チョコレートや飴《あめ》など、ちょっとしたものを添えるといいでしょう。「ちょっとしたひと言」や「ちょっとしたもの」を惜しまないこと。相手の気分を和らげる最高の処方箋です。

➡「ちょっとした一言」や「ちょっとしたもの」で気分を和らげてあげましょう。

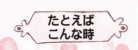

何も抱え込まずに生きている人はいないから

作家・営業コンサルタント
和田裕美

全国での講演やセミナー、本の執筆などで毎日多忙ですが、「仕事を抱え込んでいる」という意識はないんです。

しんどい、大変だと思うことはあっても、ストレスを感じるかというと、違っていて。やることと、やるべきことの量が多くても、やりがいを感じているからでしょうか。「やることがない」ほうがストレスかなって私は思うんですよ。

物理的なことより、「私、誰からも声をかけてもらってない」とか「自分は最近ダメなんじゃないか」と、精神的に抱え込んでしまうと辛《つら》いでしょうね。そして、物理的に忙しいときのほうが、そういう自己否定的な思いは抱え込んでいない気がします。

忙しくてもいきいきしている人たちを見ていると、忙しさはその人に対する期待値が高いということなんだと思います。人も仕事も集まってくるから、忙しくなる。それをやりがいや楽しさと感じていられたら、大丈夫なんですよね。

みずから望んで泥にはまり込んでいませんか？

仕事量にかかわらず、ネガティブに「抱え込む」という認識を持ってしまうと、嫌になるんじゃないのかな。実際、そういう人の話を聞くと、「こうなったらああなって、こうしたらああなって……」と悪い考えばかりにとらわれて、自分ではどうしようもなくなって、「辛い」「悲しい」ってなっちゃうんですって。

誰だって泥にはまることはある。だけど、抜け方を知らなかったり、抜けようともしないでいると、泥の中も居心地よくなってきてしまうんじゃないでしょうか。苦しんではいても、どこかしらその状態を自分で選んで、とどまっている部分もあるんだろうなと思います。

「私のことを見てほしい」「かまってほしい」という気持ちが、より努力したり結果を出そうとするのではなく、病気になったり、困ったことを言いはじめたりという形で表れる人もいませんか。やたらと悩みごとを複雑にして、マイナスのことばかり言い続けていたら、それはいつまでも泥から出られませんよね。

仕事でも何でも、「この部分が楽しい」「こうやったら面白い」「この人のことをこんなふうに見てみよう」と、自分で楽しさを見つけ出そ

取材・文：編集部

うとすれば、泥の中にはまりっぱなしにはならないんじゃないでしょうか。

たとえばお茶をいれること一つとっても、「今日こそ茶柱を立ててやる」と燃えてお茶をいれる。すると、「お茶いれて」って頼まれたら、「やった！」って感じじゃないですか。何でも楽しんじゃえという姿勢が、自分自身を楽しませる秘訣《ひけつ》だと思います。

私も悩みや不安がないわけじゃないし、辛いこともあります。だけど、根っこの部分で、「自分は幸せになるために生まれてきたに違いない」って自信みたいなものがあるんです。根拠はありません（笑）。すると、アクシデントや嫌なことがあっても、「まさかね。そんなに悪いことにはならないでしょ」と思えるんです。

辛くするのも楽しくするのもあなたの人生です

私は神社が好きなので、神社に行ったり神社の方とお話をしたりすると、気分転換になりますし、忙しくても楽しくいられます。あと、うちに犬がいるので、どんなに忙しくても時間を作って犬と遊びますが、それもストレス発散になっていますね。

何か特別に「こういう方法がある」というのではなくって、日常の中に、幸せを感じる時間っていっぱいあると思うんです。お風呂に入るとか、コーヒーを飲むとか、おいしいものを食べるとか。私、寝るのも楽しいんですよ、「あぁ寝れる寝れる」と思って（笑）。そうやってストレスがたまる前に発散しているのかもしれませんね。

ルールを決めすぎたり、スケジュールをがちがちに固めるのは苦手です。突発的なことが一切できなくなるから。どこかに余裕というか「遊び」がほしい。ただ、好みや向き不向きはありますから、ルールをきっちり決めたほうが楽という人もいるでしょう。

辛さを抱え込むのだって、そうしていたいなら否定はしません。でも、そこから抜け出したいんだったら、「辛い辛い」と言うのではなくって、「どうしたら辛くなくなるんだろう」とか「どうやったら楽しくなるんだろう」と考える。するとおのずと答えは出てくるはずなんです。

悩みや問題は抱え続けているためじゃなく、乗り越えるためにあると思うんですね。もしくは、抱えながら「私はこれと付き合っていく」と受け入れていく。ただ抱えたままで、辛い辛いと思っているのはやめましょう、と言いたいです。

世の中に何も抱えずに生きている人なんていません。はたから見てどんなに恵まれて幸せに見える人でも、一つや二つ、悩みは必ず持っています。誰かと自分を比べて「私は不幸」と思ってしまうのは損な生き方です。今持っている幸せに目を向けて「ありがとう」と思って生きた方がいいかなと思います。


わだひろみ＊執筆活動のほか、営業コミュニケーション、モチベーションアップのための講演、セミナーを国内外で展開している。『「やる気」が出るコツ、続くコツ』（ダイヤモンド社）、『人生を好転させる「新・陽転思考」』（ポプラ文庫）ほか著書多数。

怒りを ためない技術

怒りをためてしまうと、ストレスやトラブルの原因になります。さらに苛《いら》立《だ》ちがつのって、心も人間関係もギスギスするという悪循環も……。怒りをためない、怒りを生じさせない方法を知っていれば、きっと気持ちがラクになります。

嶋津良智

しまづよしのり＊リーダーズアカデミー学長、日本アンガーマネジメント協会理事。独自のリーダー教育や「上司学」が好評を博し、企業研修、コンサルティング、ビジネスセミナーを行なう。ベストセラー『怒らない技術』『怒らない技術２』（以上、フォレスト出版）などの著作がある。

実は私は、もともと超短気です。かつては、部下に目標を達成させるために「やる気はあるのか！」と怒鳴《どな》ってばかりいました。その結果、私の担当部門は好成績を収めましたが、長続きはしませんでした。怒鳴ることで部下を鼓舞《こぶ》していたつもりでしたが、部下との関係がギクシャクしてしまったのです。

このような苦い体験を経て、私は「怒らない」と決めました。すると、人、お金、物が集まるようになり、人生が好転しはじめました。

誰だって、イライラと不機嫌な表情をしている人よりも、穏やかで一生懸命な人に力を貸したくなるものです。いつも怒っている人は、周囲から「あの人に関わると嫌な思いをするからやめておこう」と距離をおかれ、コミュニケーションがとりづらい人になってしまうのです。

ただし、怒ることがいけないわけではありま

取材・文：加曽利智子

せん。重要なのは、怒りの表現の仕方です。そこを間違えて、必要以上に感情的になる、相手を攻撃する、態度を悪くする、といった言動をとると、損をしたり、人間関係が崩れたりしてしまいます。怒りを一人でため込むのも、誤った伝え方をするのも、「真意が伝わらない」という点では同じことです。

怒りというネガティブな感情をきちんと伝えられずに抱え込んでしまう人は、「うれしい、楽しい」といったポジティブな感情も伝えていないことが多いようです。

まずは「あなたのおかげよ。うれしい」といったポジティブな感情を表に出して、相手に伝えるよう心がけましょう。飲食店やコンビニなどで店員さんに「ありがとう」と口にすることから始めても構いません。次第にネガティブな感情も上手に伝えられるようになりますし、心にゆとりが生まれて、イライラしにくくなります。

イライラしても、コントロールできないものは、できない

怒りは、あたかも他人が自分に与えている感情のように思いがちです。しかし、実は、目の前に起きた出来事や相手の自分に対する反応・言葉を、どのように自分が受け取ったかによって生じる感情です。「(相手に)怒らされている」のではなく、「(自分が)怒っている」のです。

たとえば、急いでいるのにエレベーターが最上階で止まっている。そんなときに「なんで来ないのよ!」と、ボタンをカチカチ……といくら押しても、エレベーターが降りてくる時間は変わりませんよね。このように、自分でコントロールできないことにイライラしても仕方がないでしょう。

相手が人間の場合も、多くはコントロールできないものです。そんなときは、潔《いさぎよ》く「怒っても仕方がない」と気持ちを切り替え、コントロールできることに集中しましょう。コントロールできるのは、自分の受け取り方や思考。また、その状況で「自分は何ができるのか」を考え、実行する。そうすれば、生じてしまったイライラを解消できます。

「自分はどんなときに怒りやすいか」を知っておく

怒りを解消する方法を持っているだけで、日々のストレスは減るでしょう。さらに、怒りが生じにくくなれば、人間関係の摩擦《まさつ》も少なくなるという好循環になります。

怒りを生じにくくするためには、二つのステップがあります。

まず、「怒りはなぜ生まれるか？」を理解することです。人はそれぞれ自分の枠《わく》を持っています。「マイルール」「価値観」などと言われるものです。この自分の枠の範囲内で相手の反応が返ってきたときには、怒りの対象にはなりません。ところが、自分の枠から外れた反応が返ってくると、怒りの感情が生まれるのです。

次に、「自分の怒りのパターンを知る」ことです。どんなときに自分が怒るのかを記録していくと、それがわかります。

ちなみに、私の仕事における怒りのパターンは「作業にスピード感がなく、非効率なことをやる」「やると言った約束を破ること」の二つです。これはすなわち、「仕事は効率的に進める」「約束を守る」が私の枠だということです。

自分が何に怒るのかを把握するだけで、ずいぶんと冷静になれるものです。また、怒りの原

カチンときたときに、
自分の気持ちをコントロールする方法

1 深呼吸をする

思わずムカッとしてしまったときは、ゆっくりと深呼吸をしましょう。頭のなかで「1、2、3……」と数えるのもよいでしょう。これらの動作によって、思考を1回停止させ、カーッと爆発しそうな怒りが少し落ち着きます。目の前にある怒りに、冷静に対処できます。

2 目の前の景色を変える

イラッとすることを言われたとき、相手の顔を見ていると、ますます腹が立ってくるもの。怒りを感じたら、相手から視線を外して、ほかのものを見てみましょう。窓の外の景色に目をやってみたり、さりげなく携帯電話のメールや時間をチェックしたりしてもいいでしょう。席を外してトイレに行ったりするのもおすすめです。

3「魔法の呪文」を持つ

怒りの感情がわいてきたら、自分の気持ちを落ち着かせる言葉をかけましょう。「たいしたことはない」「過ぎ去ればすべて過去」「これで世界が終わるわけじゃない」といった感じです。感情が高ぶったときにポジティブな言葉を唱えると、「そうだよね、こんなの、たいしたことじゃないわ」と、不思議とスーッとイライラが静まっていきます。

因やパターンがわかれば、それを取り除いたり防いだりすることで、怒らなくてすむようになるわけです。

より身近な例で説明しましょう。夫がリビングに服を脱ぎ散らかすので、何度も「洗濯機に入れて」と注意したけれど、まったく効果なし。毎日イライラしているという女性に、「脱いだらここに入れてね」と書いたメモを添えてリビングに洗濯カゴを置いてみては、とアドバイスをしました。するとさすがの夫も脱いだ服をカゴに入れるようになり、彼女のイライラは消えました。

彼女の怒りの原因は「夫が服を脱ぎ散らかすこと」。そこでただ「脱ぎ散らかさないで」と言うのではなく、脱ぎ散らかさないための具体的な方法を提供すればよいのです。

怒りを記録する「アンガーログ」

怒りのパターンを知るために、ノートに怒りの記録をつけましょう。日記や手帳に書き込むのでも構いません。怒るたびに、次の８項目について記録します。

1 時間
怒りを感じた時間

2 場所
怒りを感じた場所

3 出来事
どういう出来事があったか

4 言動
何か言ったりしなかったか

5 してほしかったこと
素直に

6 結果
ありのままに

7 感情
どのように思ったか

8 怒りの強さ
10段階で評価

記録したら、定期的に見直します。どのぐらいの頻度《ひんど》で怒っているか、何について怒りを感じるのか、自分の怒りのパターンが見えてきます。

気持ちを書き出して、自分をラクにする

クヨクヨ、モヤモヤする、でもその正体がわからない……。
そんなときは、ペンと紙を手にしてください。
「書く」ことで、自分でも気づいていなかった感情に
気づけるかもしれません。

中山庸子

なかやまようこ＊エッセイスト（ときどきイラストレーター）。著書に『自分を好きになる「ひとり時間」のすごしかた』（原書房）など多数。オフィシャルサイト「中山庸子の本屋さん」
http://www.matsumotonakayama.co.jp

毎日をごく普通に暮らしているつもりでも、「苦手な人との付き合い」から「漠然とした不安」まで、ストレスの素《もと》には事欠きません。とは言え、そんなストレスの発散法は色々あって、例えば友人とお茶でもしながらあれこれおしゃべりすれば、その間は楽しいし、スッキリします。

ただ、家に戻ってひとりになると、今度は（つい、あんなこと話しちゃったけど、悪かったな……）とクヨクヨしたり、（誰かに言いふらしたりしないだろうか……）などと別の心配が生まれたりするのです。

本当はもっと「おおらかな人間」になれればいいのだけれど、もともとの性格はそう簡単に変えられないもの。例えば「目の粗《あら》いザル」と「目の細かいザル」があるように、神経が太くてちょっとしたことは気にしない人もいれば、

小さなことまで（ザルの目がすくい取って）気づいてしまう人もいるのです。

まあ、こんなふうに書いていることでも分かるように、私自身かなりのクヨクヨ派、些細《ささい》なことも気になる性格なんです。だから人に言いたいことも言わずにガマンして、自分の中にストレスをためこんでいた時期もありました。

書かれた文字を見て気づいたこと

そんな私が編み出した「究極のストレス解消法」が、「気持ちを書き出す」だったのです。

「でも、それってナカヤマさんはモノ書きのプロだから」なんて言われるかもしれませんが、実は逆。自分の気持ちを書けるようになったことがきっかけで、「書く大切さ」に気づき、今の仕事にたどりついた、というのが本当のところなんです。

そういうことで、とりあえず「今の気持ちを思いついた言葉で表す」から始めてみました。

「しんどい」とか「困っている」など「たった今言いたいグチ」をそのまま書き出してみただけなのですが、この作業が本当にびっくりするくらい、自分をラクにしてくれたのです。


そうか、私はムリしててしんどかったんだ。

なるほど、どうしようか困ってたんだ。


自分の書き出した文字を見て、改めて気づいたのは、「しんどいのはムリしていたから」であり、「困っていたのはどうしようか迷いがあ

ったから」という事実でした。
これで「たった今の気持ち」と「その理由」が分かったので、もう「書き出す」の2段階までクリアしたことになります。

自分で自分のカウンセラーになる

ここまでくれば後はそう難しくありません。どんな場合でも、問題そのものと問題が起きた理由がわかれば、解決方法は必ず見つかるので、あまり焦らずに自分が書きだした文字を、おいしいお茶でも飲みながら眺めてみればいいのです。

もうその段階では、自分の気持ちが分かっているので「フンフンなるほど」と自分のカウンセラーになったつもりで、自分の書き出した文字と接することができます。

もし苦手な人と付き合わなくてはならないことが「ムリしててしんどい」の正体なら「どうしてその人が苦手なのか」を書き出すと、よりハッキリしてきます。

私の場合は、「人の悪口を言う人との付き合い」が、人間関係においては最も大きな苦手の理由でした。自分もそこにいない時に悪口を言われているかもしれないという不安と、そこにいると悪口の仲間に入ってしまうことがストレスの原因になっていたのです。

カウンセラーになったつもりで、今、思いつく解決法を自分に提案してみます。

A「その人に悪口を言わないよう直接注意する」

B「スッパリ付き合いをやめる」

C「挨拶はちゃんとして、ムダなおしゃべりに加わらない」

カウンセラーの自分から提案された3つの中から、とりあえず私は無難なCを採用しました。今後、次の提案を実行するとしたら、Bを選びたいと思っています。

そして最後に、もうひとつ忘れず書き出してほしい項目があります。それは「解決法」までたどりついた時の自分への「ごほうび」です。

＊

さあ、「あなたが主役」になって、実際に書き出してみてください！

自分の気持ちを書き出してみよう!

1 自分の「たった今の気持ち」を
思いついたままに書き出してみよう

2 今、思いつく「問題」は何ですか?

3 今、思いつく「その理由」は何ですか?

4 今、思いつく「解決法」は何ですか?

5 今、思いつく「自分へのごほうび」は
何ですか?

欲望と折り合いをつける生き方

欲しい欲しいと思えば、かえって手に入らないもの。「つかみ取ろう」ではなく「いただける」ことに感謝し、毎日を生きてみませんか？

川村妙慶（僧侶・アナウンサー）

ある女性から「何をしてもうまくいかない。仕事も恋愛もすべて空振りに終わるのです。どうしたらいいのでしょうか」と相談を受けました。表情を見ると切羽《せっぱ》つまった様子です。仕事は営業のようで、１本も契約が取れないという辛い胸の内をお話しくださいました。

しばらく彼女と話をしていると、あることに気がつきました。それは仕事も恋も「つかみ取ろう」としているところです。その顔はまるで獲物《えもの》を狙《ねら》う獣《けもの》のようで余裕がありません。

かわむら みょうけい＊1964年生まれ。15年前からネット上での日替わり法話を立ち上げ、悩み相談を行なっている。京都在住（真宗大谷派正念寺）。著書に『人生が変わる 親鸞のことば』（講談社）等がある。

仏教では、つかんで離せないことを「執着《しゅうじゃく》」といいます。ですから執の字は幸をつかんで離さない人間の姿を字でも表しています。つかもうとすると心に余裕がなくなります。その気持ちは表情にも連動されてきます。

「欲しい欲しい」と叫んでいるうちは何もいただけません。なぜでしょうか？　それはただ一方的に求めることしか考えていないからです。

いつまでも尽きないのが人間の欲

今から2500年前、お釈迦《しゃか》様が林の中で瞑《めい》想《そう》をしていた時、ある男が訪ねてきました。

男1「金持ちになるには、どうすればいいのでしょうか」

お釈迦様「ならば、昼夜怠らず働きなさい。余分なことはせず、どんな仕事でもいいから、働くことです」

男1「頑張って働きます。ありがとうございました」

それからしばらくたった頃、また別の男がお釈迦様を訪ねてきたのです。

男2「私は、よく働き、そこそこの財産を持つことができました。しかし、働いてばかりだったので、未《いま》だに独り者なのです。そろそろ嫁が欲しいのですが」

お釈迦様「ならば、結婚をすればよいではないですか」

男2「なかなかいい女性が現れなくて。また、その嫁が私の財産を狙っていたらと思うと、結婚が怖くてできないのです」

お釈迦様「ならば、一人でいるほうがよかろう」

男2「いや、しかし、嫁は欲しいのです」

お釈迦様「嫁をもらった時点で、あなたの財産は半分嫁にあげてもいいと考えなさい。財産は、働けば築けますが、結婚は機会を逃すと、なか

イラストレーション：青山京子

なかできるものではないでしょう。信頼できる方に紹介をしていただき、結婚すればよい」
男2「そうですね。ありがとうございました」
今度は夫婦者がお釈迦様の元にやってきました。
夫婦1「私には、財産もあり、こうして器量のよい嫁も来てくれて、何も言うことなく満足して生活しているのですが、唯一悩み事があるのです。それは、子どもがいないことです。親や親戚からは、早く子をなせと言われているのですが、なかなかできません。嫁も肩身を狭くしています。どうしたらよいのでしょうか」
お釈迦様「子が欲しいのは、あなたたちですか？それとも親御《おやご》さんや親戚のほうですか？」
夫婦1「私たちも欲しいのですが、うるさく言うのは親のほうです」
お釈迦様「子どもが生まれる生まれないは、自然に任せるより他にはありません。いくら口うるさく望んでも、子どもができるわけではない。親御さんには、自然に任せてあるから、静かに待ってくれと頼むとよいでしょう。焦《あせ》らせると、かえってよくない」
夫婦1「はい、わかりました。ありがとうございました」
また別の夫婦者が、お釈迦様を訪ねてきました。
夫婦2「私たちには、財産もそこそこあり、子どもたちもいて、何不自由なく生活しています。しかし、悩みがただ一つだけあります。それは、子どもが私たちの職業の後継ぎを嫌がるのです。どうしたらよいのでしょうか」
お釈迦様「子どもには、子どもの人生があります。たとえ、あなたたちの子どもであっても、実際にはあなたたちのものではないでしょう。あなた自身のことだって、あなたの自由にはならない。なのに、子どもがあなたの自由になるわけがないでしょう。子どもには、子どもの意思や人格があります。よくお子さんたちと話し合って、お子さんの好きな職業に就《つ》かせてあげればいいではないですか」

夫婦2「しかし、私たちの商売はどうなるのですか？」

お釈迦様「あなたの商売は、商才のある者を探して、その者に継がせればいい。何も、身内が継がなければならない、ということもないでしょう。あなたたちには、老後を過ごせる財産があるのなら、子どもたちは子どもたちの自由にさせ、商売は他の者に継がせませんか？　何も、子どもや商売に執着する必要はないでしょう」

夫婦2「はあ、その通りです」

この様子を朝から見ていた弟子のアーナンダは「どうして人々はあんなに悩み事が出てくるのでしょうか」と尋ねたのです。

するとお釈迦様はこうお答えになりました。

「それは、人々に欲望があるからだ。人は財産を欲しがる。財産の次には、よき配偶者を、次には子どもを、子どもができたらその子が立派になることを、そして老後の安楽を望むのだ。

こうして、次から次へと欲望が湧いてくるのだよ。すべてに満足することはない。それが欲望というものなのだ。そして、人はその欲望にとらわれ、振り回され、悩み苦しむのだよ。悩んだり、苦しんだりしたくなければ、その欲望にとらわれないことだ。自らの欲に負けないように、執着しないようにすることなのだ」

すべてのものに感謝し、今できることを

「子どもが思うように勉強してくれない」

「仕事はしたいのだが、あの仕事はいやだ。こんな仕事がしたい」

「結婚はした。しかし、子どもができない。子どもさえあれば、何も言うことはないのに」

「憧れの職業に就けた。でも、給料が安い」

「好きな彼と結婚できたのだけど、彼の家族が嫌い」

「自由な時間が欲しい」

人の欲が絶えることはありません。

欲望のままに生きるのでは空《むな》しいだけです。大切なのは「欲望と折り合いをつける」ことなのですね。

欲しいと叫んでいる時にはいただけません。なぜならつかみ取ることしか考えていないからです。そうではなく、大事なのは今与えられた仕事や人間関係をコツコツと大切にさせていただくことなのでしょう。

そこからすべてのものに感謝し、自分なりに今できることをさせていただく。

気がついたら「いただけていた」となれたら、なんと幸せなことでしょう。まず「つかみたい」という気持ちから解放されましょう。

この瞬間から、あなたの生き方は180度変わることでしょう。

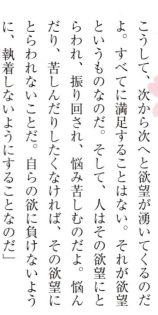

「持たない」暮らしのここちよさ

「便利」だから「快適」だとはかぎらない。
「いらないもの」がわかると、毎日は軽やかになる。

高橋マキ

陽気のよい初夏の連休。もう使わないうつわや雑貨を、軒先に並べてみた。「ご自由にお持ちください。大切に使ってね」と貼《は》り紙を添えて。

このちいさな試みは2度目だ。引っ越してすぐ、前の住まいから選んだつもりで持ってきたものの、結局このうちに収まらなかったあれこれを、捨てるのが惜《お》しくて同じように並べて出してみたことがあった。マンション暮らしではできなかったけれど、ずっとやってみたかったこと。でも、1度目のそのときは、ほとんど誰もなにも持っていってくれず、「こんな人通りの少ない路地では無理か」と、2日目にしてすごすごと諦《あきら》め

たのだった。

でも、今回は気づけばパラパラとモノが減っていく。「だったら、これもどうぞ!」という気持ちで、また追加のモノを軒先の箱に足してみた。誰かの手に渡ることで、あたらしい役割が見つかるなら、と。するとまた、おもしろいように減っていく。

この違いはなんだろう。陽気のせい? それとも、「あら、あの背の高い女性の暮らすうちね」と、ご近所さんがわたしのことをなんとなく知っていて、だから安心してくれるせい? そうだ。あの引っ越しの日から、もう3年の月日が経《た》ったのだ。

京町家、ふるくてあたらしい和の生活

きっかり3年前。人生9回目の引っ越しは、2DKの賃貸マンションから、坪庭付き

2階建ての長屋へ。ひとり暮らしなのに3トントラック満載の大量の荷物とともに、車で10分の距離を西へ移動し、二条城近くのこのふるい京の住まいへやってきた。おそらく70年ほどはゆうに経ている建物。服装も好みもフレンチ&ポップ、どちらかというとモダンなイメージのわたしが「突然、町家に引っ越した!」というのは、友人、知人をたいそう驚かせたものだったけれど、その決断があまりにも唐突すぎて、いちばん面食らったのは何を隠そう、じぶん自身だった。

なんというか、気まぐれに、ふと「そろそろ、地面に暮らしたい」と思った。ただそれだけだった。そしていきなり始まった、ふるくてあたらしい家での暮らし。それが、こんなにじぶんを変えるなんて、思いもよらなかった。

土鍋、ほうき、てぬぐい……暮らしのゆたかな知恵

いちばん最初に「いらない」と思ったのは、エアコンだった。京都の夏がいかに蒸し暑く、冬がいかに底

冷えするかは、もちろんよく知っている。でも「70年前のこの家になかったモノならば、なくてもなんとかなるんじゃないかしら」と考えたのだ。つまり、家が「そういうふうにできている」のではないか、という仮説。ろくな根拠もないのんきなひらめきに従って、ふるいエアコンは2台とも、入居前に大家さんに撤去してもらった。この発想が我ながら気に入って、それからのじぶんの暮らしを「実験的町家暮らし」と呼ぶようになる。

すると「いらないかもしれない」モノ候補がどんどん思いつく。たとえば家電のたぐい。炊飯器は土《ど》鍋《なべ》に、掃除機はほうきに。それから、木と土と畳の家に化学洗剤は必要ないので、重曹と酢とぞうきんに。モダンなキャビネットやラックは、友人や親戚から譲り受ける古家具と交換。すると、モノだけでなく暮らし方全体がこの推定70歳の京町家に寄り添ってきた。「エコ」でも「ストイック」でもなんでもない。それはたぶん、わたしが生まれる少し前の時代の暮らしの気配。この家に似合うやり方。

写真はイメージです。本文とは関係ありません。

真夏はてぬぐいをジャブジャブ洗って物干にヒラリと干すとものの十分で乾くからまた使う。どうしても冷える夜に、湯たんぽを使ってみる。長雨の前には畳にカビが生えないように、酢で拭《ふ》き上げる。モノが豊かでなかったころのニッポンの暮らしは、なんと豊かな知恵に満ちていることか。同じくふるい町家に暮らすひとたちとの知恵の共有や不便話もたのしいし、じぶんで選ぶ不便はちっとも苦にはならない。

こうして、日々の発見と気づきに感嘆しているうちに、あっという間に3年が過ぎた。夏にたっぷりと汗をかき、冬にはむかしのひとの知恵を駆使して冷え対策をするわたしは、そういえば、この家に来てからいちども風邪をひいていない。41歳にしてのびのびと健やかで、性格までも以前よりおおらかに、現代をたくましく生きている。

たかはし まき＊京都府生まれ。文筆家、わこものスタイリスト。2008年より古い京町家に暮らし、昔ながらの日本および京都の暮らしを実践する。著書に『ミソジの京都』（光村推古書院）、『読んで歩く「とっておき」京都』（三笠書房）がある。

抱きしめて、手放す

作詞家
吉元由美

よしもとゆみ＊1960年生まれ。作詞家として、中山美穂、杏里、平原綾香の「Jupiter」など多くのアーティストの作品を手がける。「魂が喜ぶように生きよう」をテーマに「吉元由美のLIFE ARTIST」を主宰。サロンセミナー、イベントを展開している。

自分の中にある怒りや恐れに直面して

三十代の初めの頃、どうしようもない生きづらさを感じた時期がありました。心のどこかで感じている違和感。自分が自分でないような、そんな違和感です。

私はその〈違和感〉をどうしても無きものとして生きてはいけないと思いました。重い荷物を抱えているようです。私の中にある何ものか……。その〈正体〉をどうしても知りたくなったのです。

当時、野生のイルカと泳ぐドルフィン・スイムが注目されはじめ、私も二回小笠原とハワイに泳ぎに行きました。自然の中に身を置くことで、何か気づきがあるのではないかと思ったのです。今流行のパワースポットにも出かけ、見えない力によって心が晴れるのではないかと期待しました。でも、楽しむことはできても、生きづらさは払拭《ふっしょく》されません。

もう心の中の〈自分の知らない自分〉と向き合うしかない。そこでアートセラピー、ドリームセラピーという心理療法的なアプローチに取り組むことにしたのです。

私の学んだアートセラピーは、絵からトラウマ（心の傷）、潜在意識を探り、本来の自分らしさを取り戻すための芸術療法です。一年をかけて取り組んだアートセラピーを通して、私は自分の中にある怒りや恐れに直面しました。決して平穏でなかった家族の状況の中で、怒りや悲しみなどの感情を抑圧していたことがわかりました。そのことを頭で分析してわかったということではなく、思いがけず、胸の奥からさまざまな強い感情が湧き上がって来て気づいたのです。

また、ドリームセラピーのコースでは、夢から自分の思考、行動パターンに向き合い、次のステップへ進むためにはどうしたらいいのかということを探っていきました。そしてドリームセラピーのコースが終わる頃、胸のつかえが一気に取れるように、生きづらさの原因がわかったのです。小さい頃のある体験から、誰にも頼ることなく、決して親に弱いところを見せることなく、すべてをひとりの中に引き受けていた自分がいたのです。

「お疲れさま、ありがとう、さようなら」

私の心の奥にいた、〈知らなかった自分〉のように、私たちの心の奥にはさまざまな経験と、感情が澱《おり》のように沈んでいます。また、毎日の生活の中でも、小さな心の歪《ゆが》み、悩み、責任感、罪悪感、怒り、悲しみ、淋《さび》しさ……そんなさまざまな感情を感じながら過ごしています。ただ、それらの感情を「感情に振り回されてはいけない」「このくらいのことは我慢すべき」といった理性で選《よ》り分けていくために、どんどん心の奥に抑圧していくのです。

　私たちは肉体を持ち、その中に〈心〉という目に見えない大切なものを持っています。心を大切にするということは、感情を大切にするということでもあるのです。喜びの感情は受け入れやすいものです。でも、怒りや憎しみといった感情は受け入れがたく、怒っている自分への罪悪感からその感情をなかったことに、抑圧してしまいます。

　でも、考えてみて下さい。ネガティブと思われる感情であっても、それは唯一無二、たったひとつの自分の心の中から湧き上がったもの。その瞬間に抱いた感情も、自分自身の現れなのです。感情にいい、悪いはありません。「ああ、私は怒っているんだ」「私は今、罪悪感を持ったんだ」というように、自分の感情を眺めてみましょう。少し距離をおいて……例えばその感情を両手ですくいとり、そして眺めるように。その感情を受け入れることは、自分自身を受け入れること。ですから、ただ眺めて、そこにある感情を感じてみるのです。理性ではなく、心で感じるのです。

　そして、両の手のひらを胸の上に引き寄せ、ぎゅーっと抱きしめてみましょう。十分だと思ったら、天に向かってその感情を感謝と共に手放すのです。頭の中でそのイメージをたどってみるのもいいですが、実際に自分を抱きしめるようにその感情を抱きしめ、そして両手を天に向かって開け放してみるとより具体的でいいと思います。

　怒りを誘うような出来事からも学びはあります。「Jupiter《ジュピター》」の歌詞にも書いたのですが、意味のないことは起こらない、日々に起こる出

来事にも、何らかの意味があるのです。感謝と共に手放すとは、学ばせてもらったことへの感謝をこめるということなのです。

　抱きしめて、手放す。難しいことに思えるかもしれません。どんな感情であろうと、それもその瞬間に生きているという証《あかし》です。

　日々のこと。自分のこと、家族、仕事のこと。私たちが抱えているたくさんのものがあります。それらがプレッシャーとなり、足かせにならないように、ひとつひとつを丁寧に捉えてみましょう。ひと抱えにすると大荷物になりますが、ひとつずつ持ってみると解決していけることもあるでしょう。手放し上手になると、心が軽くなる。「お疲れさま、ありがとう、さようなら」と言って、軽やかに生きていきましょう。

PHPスペシャル Special とは

月刊誌『ＰＨＰ』の姉妹誌『ＰＨＰスペシャル』は、毎月10日発売の月刊女性誌。
心に寄り添う＆役立つ〈読むサプリ〉として、コミュニケーションやメンタルケアなどのテーマを中心にしたノウハウや、気持ちが穏やかになる読み物が満載です。
どんな仕事をしていても、どこで暮らしていても、結婚していてもしなくても、何歳になっても。誰もが抱えることのある悩みや迷いを解決し、自分らしく充実した毎日を送るためのヒントをお届けします。
http://www.php.co.jp/magazine/phpsp/

装丁――村口敬太（STUDIO　DUNK）
表紙イラスト――しまこ

本文写真――photolibrary、PIXTA、payless images

いつも素敵な人がやっている「ためこまない」習慣

2015年３月10日　第１版第１刷発行
2015年７月27日　第１版第３刷発行

編　　者　『ＰＨＰスペシャル』編集部
発 行 者　小林成彦
発 行 所　株式会社ＰＨＰ研究所
東京本部　〒135-8137　江東区豊洲 5-6-52
エンターテインメント出版部　☎03-3520-9616（編集）
普及一部　☎03-3520-9630（販売）
京都本部　〒601-8411　京都市南区西九条北ノ内町11
PHP INTERFACE　http://www.php.co.jp/

組　　版　株式会社PHPエディターズ・グループ
印 刷 所　大日本印刷株式会社
製 本 所　東京美術紙工協業組合

ISBN978-4-569-82376-8